电务工长手册

沈阳铁路局电务处　主编

中国铁道出版社

2014年·北　京

内 容 简 介

本书由沈阳铁路局电务处在总结多年安全管理和班组管理经验的基础上编写。全书共九章，主要内容包括：工长素质能力、工区日常工作、作业管理、生产管理、应急管理、配合作业、结合部管理、设备限界管理、安全文化建设等。

本书在编写过程中，既注重工区日常工作的介绍，又兼顾经验型做法的推广，简单实用，通俗易懂，可作为电务工长日常学习的参考书。

图书在版编目（CIP）数据

电务工长手册/沈阳铁路局电务处主编．—北京：中国铁道出版社，2014．4

ISBN 978-7-113-18179-6

Ⅰ．①电… Ⅱ．①沈… Ⅲ．①铁路运输—电力系统—手册 Ⅳ．①U22-62

中国版本图书馆 CIP 数据核字（2014）第 047740 号

书　　名：电务工长手册
作　　者：沈阳铁路局电务处

责任编辑：徐　清　**编辑部电话：**（路）021-73420　（市）010-51873420
电子信箱：dianwu@vip.sina.com
封面设计：郑春鹏
责任校对：龚长江
责任印制：陆　宁　高春晓

出版发行：中国铁道出版社（100054，北京市西城区右安门西街 8 号）
网　　址：http://www.tdpress.com
印　　刷：北京鑫正大印刷有限公司
版　　次：2014 年 4 月第 1 版　　2014 年 4 月第 1 次印刷
开　　本：787 mm×1 092 mm　1/32　印张：5　字数：68 千
书　　号：ISBN 978-7-113-18179-6
定　　价：15.00 元

前　言

电务是一个技术密集、科技含量高的设备维护管理部门，具有点多线长、设备分散、不间断运用、结合部多、易受外界影响等特点。人员素质对电务安全生产尤为关键，是安全基础中的基础。电务不但需要建立一支业务精、管理细、作风实的专业人才队伍，更需要建立一支"懂业务、会管理、肯付出"的工长队伍，以发挥好工区在安全生产中的前沿和独当一面的作用。为提高电务工长综合素质，切实发挥好工长的核心作用，在总结多年安全管理和班组管理经验的基础上，编写了《电务工长手册》。手册中对工长的能力素质提出基本要求的同时，还从提高工长日常管理能力出发，介绍工区日常工作、考核培训、安全管理等方面的基本知识；从提高工长生产组织能力出发，明确作业管理、生产管理、应急管理、配合作业等方面的基本规定；从提高工长专业管理能力出发，简述结合部管理、限界管理等方面的基本原

则；从增强班组凝聚力出发，提出工区上墙揭挂、思想政治工作、民主管理、职场环境等安全文化建设方面的基本内容。在编写过程中，既注重工区日常工作的介绍，又兼顾经验型做法的推广，努力做到简单实用，通俗易懂，便于电务工长日常学习使用。

本手册由张云龙、付又新主编，纪振洪、张立鑫主审，富庶民、王振波、于海波、戈明喆、王树新、徐绍辉、韩绍信、李贵生、张艳敏参加编写，刘春海、李如意提供资料。

限于编者水平和时间仓促，书中难免存在不足之处，恳请读者指正。

编　者

2014 年 3 月

目 录

第一章　工长素质能力

工区是安全生产最基层的生产组织，是安全生产的前沿阵地。工长是工区的核心，是各项工作的组织者和管理者，其能力和素质对安全生产起至关重要作用。班组建设关键在抓好工长队伍建设，工长只有具备较高的素质和能力，才能切实发挥好工区的安全保障作用。

一、工长职责

工长是工区各项工作的负责人，既要负责工区安全生产的组织和人员管理，又要直接参加现场作业，对工区的安全生产和各项工作负有全面责任。工长有以下基本职责：

(1)负责编制工区年度维修任务、财务计划、材料计划，经车间、段批准后组织实施；现场工区协助车间编制维修任务、财务计划、材料计划。

(2)负责落实有关安全生产的各项规章制度，定

期组织安全质量分析，制定整改措施，确保安全生产。

(3)定期对管内设备质量、运用质量进行检查，及时组织克服存在的问题。

(4)负责整改上级检查发现的各类问题，吸取教训并杜绝问题重复发生。

(5)负责检查和监督职工落实作业标准，消灭作业和漏检、漏修问题。

(6)负责落实季节惯性问题防范措施，提高设备运用质量。

(7)负责做好与其他部门间的协调和沟通，确保工区各项工作顺利完成。

(8)负责提高职工技术素质和作业技能，开展定期理论学习和实作培训。

(9)负责考核职工日常工作中的行为问题，促使职工养成自觉遵章守纪习惯。

(10)负责组织或配合管内设备故障的应急抢修，为运输安全畅通提供保证。

(11)负责做好职工思想工作，帮助或协调解决职工生产生活中遇到的困难。

二、工长素质

工长素质好坏直接关系工区职工能力提升和工区管理水平的提高，决定工区整体工作的成败。工长应该具备以下主要素质：

1. 思想政治素质

工长应肯付出。热爱本职工作，甘于吃苦奉献，凡事以身作则，听从上级指挥，具有良好的职业道德和较强的工作责任感。

2. 技术业务素质

工长应懂业务。熟悉作业内容、作业流程、作业方法和作业标准，清楚管内设备状况和变化规律，掌握设备结构和各种特性，熟练使用机具、仪表；能够解决检修作业、故障处理、设备抢修中出现的常见技术问题。

3. 班组管理素质

工长应会管理。能够按照段、车间的工作要求，组织好工作落实；能够抓住重点和关键，稳妥实施，确保工作有序；能够根据每名职工的不同特长，扬长避短，知人善用，充分发挥每名职工在安全生产中的作用。

4. 文化知识素质

工长应善学习。能够自主学习、善于钻研;注重学习掌握新设备、新技术原理及管理知识;具备一定的文字理解和表达能力,能够理解和落实上级工作要求。

三、工长能力

工长能力是确保各项工作落实到位的基础,是一个工区具备执行力的首要前提。工长应具备以下能力:

1. 组织领导能力

工长应敢于管理和善于管理,善于运用考核、激励等手段,充分调动全体职工的积极性;具备高效合理组织工区的日常生产活动能力,对工区的生产活动实施有效地计划、组织、协调和控制。

2. 技术攻关能力

工长应善于发现和解决问题,能够针对设备运用和故障暴露出的问题提出解决办法。

3. 协调沟通能力

工长应善于沟通和协调,主动做好横向、内部之间的沟通、联系和协调;与车站、工务、供电、车辆、机务等相关单位密切联系，努力营造团结互助的工作氛围。

4. 培训职工能力

工长应善于培训和讲课，具备培训职工作业所需的技能知识和应急处理知识；能够根据当前安全上的突出问题、季节性工作等，讲清当前重点防范和应注意的问题；能够针对职工素质和能力开展培训，使职工懂标准、会干活。

第二章　工区日常工作

日常工作检验工长综合能力，是工区管理基础的体现。身为工长，在管理上必须把日常工作规范化，知道应该先干什么、后干什么和怎么干，做到标准明确；在落实执行上必须做到常态化，凡是制度要求都要落实到日常工作中，做到常年如一日地坚持。工区日常工作要规范工作流程，注重《工作日志》管理，积极开展职工技能培训，充分发挥考核作用，为工区安全和设备质量提供基础保证。

一、工区一日工作流程

1. 班前准备工作

(1)了解设备运用情况。工长到岗后要了解设备运用状况，对存在的问题做到心中有数。

(2)掌握职工思想动态。工长到岗后要观察和了解职工的精神状态，对情绪低落、精神恍惚的职工不准安排上道作业。

(3)清楚配合作业项目。工长到岗后要根据相关部门配合作业通知、天窗计划、施工计划以及机车、动车组、轨道车检修计划，预先安排胜任人员配合。

(4)做好作业组织安排。工长到岗后要根据了解的情况和当日作业内容，在《工作日志》内写清作业组织安排和安全预想，为班前会做好准备。

2. 班前布置会议

(1)班前会议每日必开。每日工作前必须召开班前会布置工作，不参加班前会的职工不准到现场作业。

(2)工长必须亲自组织。工长作为作业的组织者，班前会必须亲自（工长不在时可委托副工长）组织。

(3)传达落实上级要求。班前会要传达段、车间的有关通知通报，并结合工区实际落实具体要求。

(4)明确主要作业事项。班前会要布置当日具体作业，做到作业内容明确、作业分工明确、作业标准明确、作业防护明确、作业时间明确、影响范围明确。车载作业要明确芯片换装、车载设备检修时间、地点、车号（车次）。

(5)组织开展技术学习。班前会要针对当日作业内容和作业要求,确定学习重点,开展每日一题学习,也可有针对性学习有关标准、制度。

(6)做好班前安全预想。结合当日现场作业实际,强调人身安全和行车安全的重点注意事项,使所有参加作业的人员都清楚。

(7)工具仪表准备充分。班前会要准备工具材料及通讯工具。安排专人检查工具仪表、通讯工具,准备使用材料,防止遗漏或作用不良影响作业。

3. 班中作业控制

(1)监台防护同步上岗。作业人员出场前,室内驻站防护员必须提前上岗监台。

(2)出场作业集中行走。现场作业必须同去同回,防护员在前,作业组织者在后,列队行走;车载工区在整备场(机车)、停留场(动车组)间往返必须按规定线路行走。

(3)打开设备必须联系。上道作业前和动设备前必须和室内驻站防护员联系。

(4)防护位置现场确认。现场防护员站立位置必须由作业负责人确认。

(5)特性调整工长组织。设备机械特性和电气特性调整以及车载数据换装、故障处理必须在工长亲自(工长不在时可委托副工长)组织下进行。

(6)作业完了检查试验。作业完了必须进行双人检查、复核、试验;车载作业完成后必须进行开机检测试验(更换速度传感器必须走行试验),形成检测作业文件。

(7)作业结束提示提醒。室内驻站防护员在作业结束时做好检查试验的提示、提醒,确保检修后设备的安全运用。

(8)加封加锁专人检查。作业结束后的加封加锁、工具仪表等必须由作业负责人负责检查和收回。

(9)人员不回监台不撤。作业人员不回到工区或撤出网外,室内驻站防护员不准撤离。

4. 班后总结考核

(1)总结当日工作问题。对职工当日作业过程中发现的问题进行汇总,并提出整改要求和防范措施,解决不了的上报车间。

(2)点评职工作业质量。工长对职工当日作业中在落实标准、作业行为方面的情况进行点评,指出存在问题。

(3)汇总工作完成情况。对当日生产任务完成

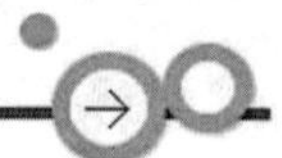

质量、计划进度情况进行总结，为下次作业做好准备。

(4)考核当日工作问题。对发现的问题落实责任进行考核，特别是对职工作业行为方面问题进行重点考核。

(5)布置应急处理事项。工班长下班前，要向值班人员交代清楚设备问题及注意事项。明确应急故障处理的联系方式、联系人员，组织对应急包的工具仪表进行检查。

二、工区《工作日志》管理

工区《工作日志》记录工区每天作业情况，是工区最重要、最基本的管理资料。

1. 填记流程

工区《工作日志》填记流程如图1所示。

2. 填记原则

《工作日志》包含封面、工区出勤表、检修及重点工作进度表、工作记录、月度安全生产工作总结、特殊记事等项目，具体填记要遵循以下原则：

(1)《工作日志》必须工长亲自填记。工长作为作业组织者，必须亲自填记《工作日志》，严禁其他人

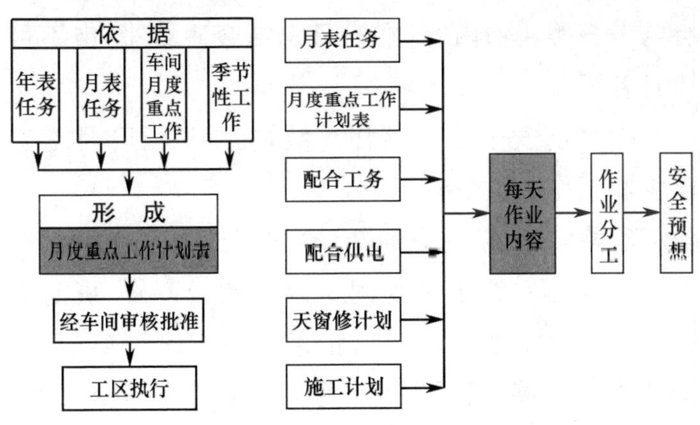

图 1　《工作日志》填记流程

代写；工长休假、外出学习、开会时，车间要指派专人代理工长组织工区各项生产工作，由代理工长负责填记《工作日志》。

(2)《工作日志》必须及时填记。《工作日志》是每天工作的记录，必须在作业前及时填记，严禁补填、补记。

①在班前准备会前，作业组织者要完成出勤表记录、安全预想填记、检修记录中的作业分工和作业内容填记，也就是完成当日作业组织安排。

②班前准备会、每日一题、室内外防护人员安排等 3 项内容，在班前准备会后、出工前填写完成。

③检修及重点工作进度表、工作记录补充、总结

会与考核等4项内容，在当日总结会后填写，但不可跨日补记。

④月度安全生产工作总结，在工区召开月度安全生产工作会议当时记录。

⑤特殊记事，在有通知、要求、会议记录时填写。

⑥客运专线工区晚间跨两天的天窗修，班前准备会内容记录及工作项目记录统一记录到第二天。例：3月1日晚间准备会、3月2日凌晨天窗修工作，准备会和天窗修工作都记录到3月2日。

(3)《工作日志》填记必须做到三表合一。计表、检修及重点工作进度表和《工作日志》中的工作记录必须做到内容、数量、时间相一致。

(4)《工作日志》填记起止日期必须统一。《工作日志》填记起止日期要统筹考虑段和车间安委会时间、考核周期等综合因素确定，确保生产管理规范。

3. 填记内容

(1)工区出勤表：工区日班按出勤时间填写，倒班按日实际出勤时间填写，出勤表中的人员姓名顺序每个月都要固定，便于填写工作记录。

(2)检修及重点工作进度表：由工长每月末将下月重点工作计划一式两份报车间审核，一份车间留

存，一份返回工区粘在《工作日志》原处，工区按实际完成情况填写本月的进度表，并随当月《工作日志》一同保存。

①工作项目栏：记录维修工作计划表当月规定的检修内容，还有路局、段和车间的重点工作以及季节性临时工作内容，填写顺序为计表—局重点—段重点—车间重点—临时工作。

②计划数量栏：要与维修工作计划表、车间安排的月度重点工作数量一致。

③日期栏：虚线上方填写计划数量，虚线下方填写实际完成数量。

④本月完成栏：填写实际完成数量。

⑤累计完成栏：累计完成数量是指此项工作按月累计的完成数；百分比为累计完成数占此项工作总数量的百分比；验收数指车间验收数量，原则上由车间包站干部负责验收并填写，也可由其他干部验收并填写。

⑥备注栏：填写需说明的问题，如哪项任务未完成，未完成的数量、未完成的原因、计划什么时间完成。

(3)工作记录：

①班前准备会栏:班前准备会主要传达上级有关通知、要求或学习上级文件,可填写传达、学习的主要内容;其次是进行班前安全预想,结合当日实际工作提出具体的安全要求,把当日工作的安全关键点必须提示到位,并填记班前安全预想主要内容。

②工作地点栏:填写作业站(场)或站内上行咽喉、站内下行咽喉、机械室、运转室、区间等,工作地点要详细明确。

③检修人栏:填写对应工作项目的作业人员姓名,一项工作由 2 人及以上人员共同完成时,可用出勤表中顺号(也可叫工号)代替填写。

④工作项目栏:填写检修工作的具体内容,例如"转辙机执表检修"等;其他工作,如:工区生产会议、技术学习、政治学习、人员外出学习等,也要在此栏中填写。若室外分几组作业时,要明确防护员防护的作业组,明确每个作业组的作业项目。填写顺序为:每日一题—室内防护员—第 1 组室外防护员—第 1 组室外防护员防护作业组的工作项目—第 2 组室外防护员—第 2 组室外防护员防护作业组的工作项目—其他工作项目。

⑤设备名称栏:分作业组填写检修设备的具体

名称号码。在天窗修检修设备时，无论天窗修内检修多少设备，都要填写检修的所有设备名称号码；只有当巡检、检查某一区域的全部设备时，才可以简写，例如“下行咽喉全部设备”等。

⑥数量栏：分作业组填写本组检修设备数量总数，包括数量单位。

⑦备注栏：工作产生材料支出时，要在对应工作备注栏填写支出材料的名称和数量，或填写参加天窗的车间干部。

⑧总结会与考核栏：记录当日未完成的工作及数量、未完成工作的原因、当日工作存在的问题、针对问题采取的措施、考核职工问题等内容。

(4)月度安全生产工作总结：主要记录工区和车间组织的安全生产工作总结内容。

(5)特殊记事表：记录工长每月跟表作业、段和车间检查工区发现问题及要求限期解决的内容，以及各种会议通知、要求及会议记录等。

三、工区月度生产例会

为保证工区安全生产工作有序进行，及时总结分析安全生产中存在的不足，采取有效措施控制安

全问题的发生,工区每月必须召开安全生产会。

1. 月度例会组织

(1)工区在车间安全生产会议召开后的3日内召开工区的月度安全生产会议。

(2)工区月度例会由工长主持,工区全员参加,并将会议记录记在《工作日志》“安全生产会议记录”栏内。

(3)车间派专职以上干部参加工区月度安全生产会议,针对车间管内上月安全生产中存在的倾向性问题,以及工区当月工作情况,对工区本月工作提出具体要求。

2. 月度例会内容

(1)总结上月工区安全情况和生产任务完成情况,分析存在问题。重点从工区安全控制、生产管理、设备质量、基础管理、职工“两纪”、业务学习、职场环境和成本核算等方面进行具体分析,找出存在的问题,分析产生问题的原因,制定有针对性的整改措施。

(2)传达段、车间月度安全生产会议精神,提出落实要求。传达近期典型事故、故障通报,结合工区实际工作,举一反三,从中吸取教训。

(3)按照车间月度安全生产会议确定的风险研

判和故障防范内容，确定本工区的落实要求。

(4)研究工区本月重点工作。对段、车间下达的阶段性重点工作，结合工区实际，研究如何抓好落实。针对计表中的工作项目，确定“月份重点工作进度表”中的内容，明确具体人员分工，提出落实标准，制定可操作性控制措施。

(5)对车间、工区、职工的考核情况进行公布。

四、工区培训

工区是提高职工基本技能的责任主体，职工日常培训工作主要以面对设备的现场培训为主要形式，通过班前试问、班中作业讲解、班后的集中学习和实作演练，以及日常考核，提高职工基本作业技能。

1. 培训内容

以基本规章、基本操作、基本设备、基本作业为主要内容，培训设备标识、设备位置、设备结构等基础知识；培训作业流程、作业标准、作业方法、作业防护、登销记、日常测试、仪表使用等检修作业技能；培训故障处理、设备安装等应急抢修技能。

2. 培训方法

(1)班前学习。由工长根据当日作业内容，可采

用集中或分组形式，由工长组织学习、讨论和提问。

(2)实作演练。由工长根据工区或车间学习计划，结合本周工作由工长组织面对设备或现场作业进行示范演练。

(3)集中学习。由工长或学习大员按照月度学习计划内容，组织职工学习，并记录在《学习笔记》中。职工参加段以上培训，必须携带《学习笔记》，学习内容记录在“上级培训”栏内。

实作演练、集中学习和车间及以上专业干部到现场培训，工长要统一在工区《工作日志》中留有痕迹，记录学习时间、学习题目、参加人员、提问或考试存在问题及考核情况。

3. 学习计划

(1)工区依据车间月度业务学习(指导)计划中确定的内容，结合工区当月实际作业，在车间学习(指导)计划下达两日内制定工区学习计划，也可执行车间下达的月度学习具体计划。

(2)工区制定的学习计划分为三个部分：工区业务学习内容、工区实作演练项目和案例培训内容。

(3)工区每日班前学习不纳入学习计划，由工长结合实际作业安排。

4. 培训要求

(1)工区每周学习时间应不少于2小时(《铁路信号维护规则》规定),实作演练每月不少于2次,集中学习每月不少于2次,学习内容与学时要相符。

(2)工区日常技术业务学习由工长负责组织,并将每月的业务学习时间、人数记录在《工作日志》中。

(3)工区组织的集中学习,在学习前要做好充分准备,主讲人要认真备课,准备培训资料。

(4)职工技术业务学习笔记本由工长集中保管,职工按照学习计划认真做好学习笔记,字迹要工整,内容要完整、准确。

(5)工长负责工区职工培训组织,职工发生作业基本技能问题要追究工长责任。

5. 工区培训资料

(1)车间《月度业务学习计划》(或工区制定的《月度学习计划》);

(2)"三新"人员汇总表、师徒合同及职工《岗位培训合格证书》;

(3)工区技术学习小组及职责(基础资料);

(4)工区技术学习制度(基础资料);

(5)职工学习题库(基础资料);

(6)图书统计借阅登记簿、教育设施、备品登记簿(基础资料)等。

6.“三新”人员培训

“三新”人员是指新入路、新毕业和新晋升(提职)人员,“三新”人员必须经过理论培训考试合格后,才能到现场工区。

(1)“三新”人员到现场必须签订带师徒合同,必须进行段、车间、工区三级组织的劳动安全培训并考试合格。

(2)“三新”人员到现场作业必须在师傅监护指导下进行,严禁单独上道作业。

(3)工长日常必须检查师傅培训徒弟的情况。

(4)“三新”人员技术业务学习笔记要详细记录师傅按照师徒合同教学计划传授的内容。

工区管内新设备开通前,新《铁路技术管理规程》、新《铁路信号维护规则》下发后,必须组织对职工进行培训,经考试合格才能上岗维护。工区管内不同工种之间、室内信号工与室外信号工之间的转岗,必须经车间、工区组织的设备基本知识、劳动安全等知识的培训,经考试合格上岗;车间之间、车间内工区间相互转岗的职工,必须经过车间、工区组织

的劳动安全、设备平面图、设备结构、现场设备位置等知识的培训，经考试合格才能上岗。其他转岗人员培训由段里制定具体规定。

五、工区考核

1. 车间对工区的考核

(1)车间对工长的考核结果代表工区等级。车间对工长考核分技能考核和日常考核两部分，技能考核分数是本人技能考试成绩的16％和工区职工平均技能考试成绩的24％的合计；日常考核分数是车间日常考核工区分数的60％。

(2)车间对工区的日常动态考核过程如下：

①车间每月组织联检，对发现的问题按照车间制定的扣分标准进行考核扣分，纳入当月工区等级考核，并落实到每个人头，作为季度职工车间排序产生3％末位的考核累计分数。

②车间依据各工区安全情况进行安全结果考核。

③车间依据安全、生产、培训、管理方面的要求对工区进行专业考核。车间党政正职可依据工区考核结果和工作整体表现，对工区实施提级和降级等

处理，但必须有足够充分的依据，经得起推敲。

④车间检查发现的问题，要换算成分值对工区进行质量联挂，扣罚资金分别由车间纳入月度奖罚，并依据考核办法进行问题复查整改奖励，段不得予以收回。

2. 工长对工人的考核

工长作为现场作业的组织者，对职工日常作业行为是第一管理者，对纠正职工惯性违章行为起着关键作用，工长必须对职工进行日常考核，通过考核规范职工行为，提高职工遵章守纪的自觉性。

(1)工效考核实施原则

为充分调动职工工作积极性，充分体现"干多干少不一样"、"责任大小不一样"，电务系统职工实施工效考核。按照铁路局工效考核有关办法，职工捆用工资额度不低于500元。

(2)工效考核具体操作

①车间按照段给定的换算工作量和定员，在充分考虑工区实际设备、运用频次、日常工作量、交通条件、日常值班、工作任务、条件艰苦程度等方面因素后，经过车间考核小组讨论通过，将定员和换算工作量分配到工区。

②由段或车间组织，根据车间给定的工区定员，职工实施双向选择，竞争上岗，让职工找到适合自己的工作，做到人人工作量饱满。

③由技术科负责，对各站设备按照运用频次、关键程度进行分类，各车间、工区无权自行对设备分类。根据清算单价，劳人科把各车间工效挂钩工资清算定额直接分劈给车间，车间根据工区换算工作量进行工区工效工资清算。工长组织工区全体职工研究，车间参与指导，根据技术科对设备的分类，以及现场设备的技术含量、责任大小、劳动强度、工作环境等综合因素，将工效清算工资注入到具体设备上。按照各类设备的差别，实行分档计收。

④对在岗职工进行等级评定。职工等级根据素质分数和业绩(日常动态)分数确定。素质分数根据每半年组织一次理论和实作考试成绩确定(也可根据车间月度抽考成绩确定)；业绩分数根据车间、工长日常动态考核职工情况、车间干部和工长的评议情况确定。

⑤职工等级决定包修设备的优先权。职工根据包修设备的类别和数量获取相应的收入，职工个人等级决定本人同类别或上浮、下降一个设备类别包

修，但原则上包修一类设备的人员必须是一类职工，或具备技师以上的资格，包修二类设备的人员必须是二类及以上的职工，三类职工只能包修三类设备。

⑥工效清算。车间全体在岗职工实施捆用工资基数，以清算单价浮动、系数调节的计算方法进行工效工资清算。具体清算方式：职工个人工效工资＝个人工作量组数（皮长公里数）×清算单价。清算单价浮动根据段当月安全经营效益进行确定。

⑦其他形式的工效挂钩。电务系统实行设备分等、计件清算、整体承包、系数调整（两分）四种工效挂钩清算模式。对于不能分劈数量的工区或车间，如：检修基地、车载车间和电子车间等，可依据前一年工作任务，把工效工资换算成工作量单价，采取工作量计件清算的方式；对于中修车间采取给定工作量基数，用实际工时换算成单价的方式清算。生产组织调整产生的末位人员，不愿到空缺岗位工作，在非生产岗位的实行轮岗制，在生产岗位的实行岗位培训制，开支按铁路局相关办法执行。

（3）绩效考核原则

绩效考核是为了促进职工履行岗位职责，遵守

各项规章制度、作业标准和技术标准，体现出“干好干坏不一样”。按照铁路局绩效考核有关办法，职工捆用工资额度不低于500元。

(4)绩效考核具体操作

各级检查发现的(包括段、车间、工区)的职工“两违”问题考核是职工绩效考核的主要内容，与职工工资分配、岗位使用联挂。

①在段、车间制定的职工“两违”考核标准的基础上，工区要制定本工区的职工“两违”考核标准，报车间备案。工长每月对职工实施绩效考核。

②工长日常对职工的作业行为、作业质量和设备质量存在的问题进行考核。

③工长在实施日常考核中，不能单一的以设备质量问题代替其他问题考核，每个月至少量化2个职工作业行为方面问题纳入考核，对管内人员“两违”、设备质量及职工培训情况要重点考核，其中“两违”、管理、职工培训问题各占20%，设备问题占40%。

④各工区工长每月至少要完成人均不低于5分的考核任务，对工区奖励人员不能超过50%。每月对管内人员日常考核必须检查设备均衡、问题类别全面、人员全员覆盖，确保职工分级考核时的权

威性。

(5)问题整改复查奖励

对“两违”问题考核扣罚的所有资金,进行复查奖励。对发现的设备质量问题,要在问题按期克服并复查验收后,下个月度按一定比例返还给予克服问题的职工。发生“两违”问题,要确认责任者在1个季度内没有重复发生,按照不高于60%的比例奖励。问题没有整改或“两违”重复发生的,要加大考核力度。

(6)车间工区复查奖励

车间自己发现的各类问题,按不高于60%的比例进行问题整改复查奖励,剩余资金要纳入车间月度考核二次分配奖励,当月结清。工区自己发现的各类问题,也是按不高于60%的比例进行问题整改复查奖励,剩余资金要纳入工区月度考核二次分配奖励,当月结清。

(7)二次奖励原则

车间二次分配不得奖励主任、书记,工区二次分配不得奖励工长。车间和工区都要制定奖励办法,无论是车间奖励还是工区奖励,必须写明详细原因,并进行公示。

六、工区安全管理

工区必须把安全生产放在首位，加强安全教育，牢固树立安全第一的思想，严格遵守作业纪律和劳动纪律，认真执行规章制度，确保行车和人身安全。

1. 安全教育

安全教育是安全管理的重要内容，其目的就是提高职工的安全意识，为保证安全生产奠定基础。安全教育必须把安全思想教育放到首位，通过对职工进行安全生产的法律、法规教育，提高遵章守纪的自觉性，增强责任感和安全生产法制观念。

（1）每季末观看《使用封连线破坏联锁就是犯罪》等安全警示片，用血的教训警示教育职工自觉遵章守纪。

（2）每月开展事故案例教育，用身边的事故、身边的问题，教育职工自觉落实作业标准。

（3）每天利用班前会进行安全教育，结合过去的经验教训，讲安全注意事项、安全控制措施，做到天天讲安全，事事讲安全，及时提醒，警钟长鸣。

2. 信息汇报

（1）故障信息汇报。电务设备发生故障时，维修

或值班人员要立即汇报工长、车间主任和段调度；设备故障处理完毕，应立即汇报段调度。汇报内容主要包括故障发生地点、时间，接到通知时间及到达故障地点时间、故障原因、修复故障采取的措施、修复时间及影响列车运行情况等。

(2)安全信息汇报。发现设备隐患问题危及行车安全时，要立即通知车站停用设备，并立即汇报工长、车间和段调度，采取进一步措施；发现工区克服不了的设备隐患问题时，要立即通知车间组织处理；结合部问题不能协调相关部门克服时，要立即汇报车间、段调度指挥中心；各级领导检查情况和发现的问题，要立即向车间、段调度指挥中心汇报。

3. 故障分析

故障发生后，工长应将故障情况填入《设备故障登记簿》内，同时及时组织工区人员对设备故障进行分析，制定整改措施，防止重复发生。对季节性和惯发故障，要提出有针对性的解决措施。

4. 登销记管理

登销记是电务现场作业的基本作业程序之一，是职工应该具备的基本作业技能。为确保电务设备故障登记及时、准确、规范，防止带来后果问题，工区必须加强登销记管理。

(1)设备发生故障时,必须在《行车设备检查登记簿》内登记,写清故障发生时间、故障现象、具体设备、停用设备、影响范围,且使用登销记管理的标准用语。

(2)电务设备故障恢复时,必须及时进行销记,故障原因必须清楚,禁止无原因销记。

(3)对于自然恢复的故障,经检查确认设备无异状,测试试验设备无问题,可销记恢复使用。但对故障必须继续跟踪,直至原因清楚,并再次进行销记。

(4)特殊情况下影响范围较大的设备故障,要以对行车安全最有利的原则,按照先主要后次要、先局部后全部方式逐步恢复并进行销记。

(5)设备故障登销记内容严禁涂改、勾抹,如必须进行涂改、勾抹时,应加盖涂改人名章,并经车务值班人签字。

(6)CTC 设备故障或传输通道故障时,各段要及时通知铁路局 TDCS/CTC 中心、铁路局网管中心,及时通报故障处理信息。登记后,由铁路局 TDCS/CTC 中心负责做好在调度所的故障登销记。

(7)电务设备故障登记后要立即汇报段调度指

挥中心，段调度指挥中心负责设备故障登销记的审核把关，事后承担相应责任。

七、工区交接班

1. 接班准备

（1）接班人员必须提前15分钟前到达岗位；

（2）接班人员必须在接班前按规定穿好工作服，准备好个人工具，做好上岗准备；

（3）接班后要认真检查设备运用、了解生产情况。

2. 交班准备

（1）交班人员必须提前30分钟完成交班的各项准备工作；

（2）交班人员在交班前必须将工具、仪表、备品备件和有关资料按规定位置摆放整齐；

（3）交班人员在交班前必须完成职场卫生清扫；

（4）交班人员在交班前必须完成设备巡视检查工作。

3. 交接班内容

（1）上级通知要求传达落实情况；

（2）设备运用、设备故障情况；

(3)外单位需要配合作业情况；

(4)待处理工作情况；

(5)职场环境卫生情况；

(6)工具仪表、备品备件情况。

4. 交接班管理

(1)交接班人员要填写《交接班日记》；

(2)交接班管理要明确交接班时间地点；

(3)交接班管理要明确请假替班要求；

(4)交接班人员要在参加完班前会后办理交接班。

第三章　作业管理

面对高速、重载、大密度的运输形式，作业与运输的矛盾十分突出，作业安全压力十分巨大，必须用有效的作业组织、实用的作业卡控制度、严格的作业纪律保证作业安全。特别是工长要清楚和掌握电务作业组织、基本作业制度和卡控措施要求，以身作则去严格落实，确保作业中的行车及人身安全。

一、作业组织

作业是安全上的最大危险源，作业组织和作业方式是确保作业安全的两大关键，作业组织保证安全，作业方式决定安全。作业组织是每项作业谁负责组织、谁具体实施，通过优化作业组织，为作业质量和作业安全提供保障；作业方式是每项作业什么时间干、什么环境干、由谁干，通过明确作业方式，为作业质量和作业安全提供前提。作业组织和作业方式必须满足现场实际需要，作业组织者和具体作业

人员必须坚持并做到时间不足不干、人手不够不干、没有布置不干、没有防护不干、没有标准不干、没有准备不干、没有开班前会不干。

1. 作业权限

(1)现场巡检作业组织。现场巡检必须由工长以上人员组织，尤其是节假日的现场设备巡检，在满足作业组织要求的人员数量同时，必须是工长或副工长组织。

(2)现场检修作业组织。现场检修作业必须在天窗内进行，必须由车间组织，防止不明白的胡干、蛮干，引发作业安全问题。

(3)涉及动线作业组织。凡是主体施工的动配线必须副段长组织，技术科人员实施；凡是涉及联锁变更的改动配线作业必须技术科组织实施；凡是配合施工和临时改动配线的施工，必须车间组织配合，技术科提供图纸、参加修改、组织联锁试验。

(4)配合施工作业组织。配合施工工作量大，安全不确定因素多，各段必须统一组织安排。每月针对具体配合施工，明确具体负责科室，下发施工配合监控单，按照领导包线、科室包项、干部包站、现场到点的方式全程跟踪配合，突出电缆安全防护和过程

控制。

(5)主体施工作业组织。每项主体施工实施项目负责制,必须明确主管领导、主管科室、具体工程师,必须全程参加,中途不得换人,对施工安全、技术、质量、工艺严格把关,提高现场作业安全控制能力。

(6)软件及参数修改作业组织。铁路局 TDCS/CTC 中心的 TDCS/CTC 系统软件版本升级、系统参数和网络协议修改、核心设备停机施工试验、组网结构调整、因现场施工引起的调度台数据变化、系统服务器和调度台数据修改等作业,必须报电务处审核同意,电务段组织实施;通信网管中心和数调中心的通信系统软件版本升级、系统参数和网络协议修改、组网结构调整、骨干网设备停机施工等作业必须由段里组织。

(7)车载作业组织。车载数据换装、软件升级、模拟检验、IC 卡参数修改以及硬件改造必须电务段车载科主管工程师组织,车间实施;车载设备日常检测、检修、器材检修、芯片灌制作业由车间组织,工区实施;车载数据站换、指派外局换装以及外局委托换装必须由电务段组织,车间实施,并对作业人员出发

前进行安全教育和培训。

2. 作业方式

(1)除巡检作业外，所有作业必须纳入天窗或月度施工方案，天窗外作业必须规定项目、内容和频次，从车间、段两个层面严格控制和审核，确保作业有计划、有组织，避免盲目上道、盲目作业问题发生。

(2)所有作业都要遵循能在检修基地做的不准在现场做、能在室内做的不在室外做、能集中做的不准分散做、能由专业人员做的不准现场车间做原则，确定具体的作业地点和作业人员。更换元器件的器材必须返所进行；更换转辙机减速器、移位接触器、油泵组等主要部件的作业，必须检修基地人员参加；电子设备、智能电源屏各种模块及板件清扫检修应尽可能在基地修好后到现场更换；智能电源屏、计算机联锁、TDCS/CTC 等电子设备由电子车间实施专业化检修。

(3)车载作业必须遵循结合机车、动车组检次和春秋检以及机车、动车组回段整备时机进行；涉及机车、轨道车标准车整治的必须结合标准车整治时机完成；涉及 LKJ 芯片换装、软件升级、硬件改造专项工作必须结合机车、动车组、轨道车检修检测以及整

修时机完成；车载分析作业必须结合车载入库文件进行分析确认，动车组日常还须通过浏览 DMS 信息分析异常信息。

3. 作业安全

(1)作业组织者是作业安全具体责任人，不但要负起组织作业的责任，更要管好防护员和作业人员，对其防护和作业行为进行检查考核，确保作业安全。

(2)每项作业必须制定安全措施，安全措施必须满足现场作业实际需要，必须由作业负责人亲自组织制定，安全措施必须具体化，不能模板化，必须根据实际情况制定，突出关键事项和应急处置要求。

(3)现场工区日常巡检作业和检修作业必须召开班前会，由作业组织者在布置作业内容和作业分工的同时，明确作业中应注意的人身安全和行车安全事项；配合施工作业、主体施工作业、软件及参数修改作业，在制定安全措施的同时，必须制定应急处理预案，确保作业绝对安全。

(4)每项施工和作业前，在明确作业分工的同时，必须做好技术交底、标准学习、工艺示范，使每个作业人员都清楚自己干什么、怎么干、干到什么标准。

(5)现场作业实施集中作业，集中在同一地点、同一区域作业，避免分咽喉作业、分多个小组作业等分散作业问题发生，确保工长能够掌控现场作业局面。

(6)列入施工方案的主体施工安全措施必须由电务处审核。

4. 作业控制

(1)实施现场次日作业汇报制度。工区每天定时将次日作业地点、作业内容、作业人员、作业负责人等情况汇报车间，车间进行审核把关，审核作业组织是否越权、人员能力是否胜任、人员数量是否充足、影响范围是否准确、作业时间是否合理等；车间每天定时将工区次日作业情况汇报段调度，段调度进行抽查。

(2)段调度指挥中心必须发挥生产指挥作用，必须对现场施工作业情况全面掌控，通过微机监测、TDCS等设备监控现场作业前、作业中和作业后的情况，提示检查试验项点，审核重点作业登销记，为作业安全控制把关。

(3)电子车间、中修车间、检修基地和车载车间到现场作业必须经过段技术(车载)科审批，由技术

(车载)科下发的作业单,现场车间做好防护和配合工作,尤其是车载数据站换,现场必须无条件担负起室内外防护任务。

(4)各段必须按照满足作业组织、天窗管理要求的原则下设置现场车间和工区,配备作业人员。小站工区管辖不能多于5个车站,满足工长每周巡检1次管内车站作业的需要,大站分咽喉设置工区,每个现场工区原则上不应超过15人,保证工长能够组织、监控所有作业。

(5)必须按照作业组织、天窗管理的要求,在确保检修质量和作业安全的前提下,合理编制检修计划任务,做到检修计划安排均衡合理、工作量不超出天窗时间和工区作业人数所决定的生产能力,确保作业不抢活、蛮干,确保作业质量。

二、作业卡控

1. 人身安全卡控

(1)严禁未经培训合格人员上岗。新入路、新转岗、使用新技术人员上岗前必须经过段、车间、工区三级培训,并经考试合格后方可上岗。

(2)严禁室外单人作业。日常巡视、检修、故障

处理及车载数据站换、轨道车检修等各种室外作业必须保证双人以上，并有一人专门担当防护工作，室内要设置驻站防护员；单人值班站或无人值守站发生设备故障时，必须会同车务或工务人员共同到现场处理并同去同回；处理设备故障或检修作业过程中不准单人往返取送器材，必须取器材、工具、仪表时，要保证双人以上，并在线路下行走；非现场工区人员到现场作业，必须在现场工区人员防护下一同前往，不得单人到现场；配合车务、工务等单位站区除雪时，必须与相关单位人员一同到现场，不得单人前往。

(3)严禁在线路上接打手机。站内、区间行走和作业时，任何人不准在线路(包括安全线)上接打手机；区间通信盲区作业电台联系不上时，防护人员可以用手机作为与驻站防护员的联系工具，但必须站在线路下不侵限地点接打。

(4)严禁无证人员担当防护工作。防护员必须有铁路局安监室下发的《防护员上岗证》；防护员必须身体健康，精神状态良好，责任心强；防护员必须对现场熟悉，对本站列车运行情况清楚，有现场作业经验。

(5)严禁作业组织者担当防护员。防护员必须具有防护资质,作业组织者不准担当防护员。

(6)严禁防护员参与作业。防护员的防护距离必须与作业人员保持在5～20 m的范围;防护员不准观望作业和闲谈,不准参与作业,做传递工具、材料等与防护无关的工作。

(7)严禁未停轮进行驼峰作业和车载车下设备故障处理。驼峰设备检修作业和车载车下设备故障处理必须在停轮(停止溜放作业)时间内进行,并通知相关站场驻站防护员做好防护。

(8)严禁上下班和车载库内作业随意横越线路。车间和工区要结合站场实际情况,确定上下班人员和车载库内作业人员行走安全路线(有地下通道的必须在通道内行走;整备场或库内车载作业人员必须按规定路线行走),任何人都必须无条件执行。

(9)严禁钻车、扒车、跳车。日常巡视检修,站内行走,遇有停留车辆,无论是否有机车联挂都不得在车辆下部钻过和上部跳过,必须在两端保持5 m以外的距离并确认车辆无移动的情况下方可通过。任何时候不得攀扒移动车辆,以车代步。

(10)严禁雷雨天攀登电气化区段高柱信号机和

杆塔，以及进行动车组、机车、轨道车登顶作业。雷雨天电化区段不准攀登高柱信号机和通信杆塔作业，在信号机灯泡故障时也不准攀登信号机进行更换，不准打雨伞在线路上行走；车载不准组织进行登顶作业。

2. 作业安全卡控

（1）不准超越权限组织作业。应该段组织的施工和作业，车间无权组织；应该车间组织的施工和作业，工区无权组织。无论是哪级组织的施工和作业，段、车间、工区必须逐级掌握。

（2）不准擅自扩大范围作业。施工和天窗计划一经批准，任何人都不准擅自变更作业项目和影响范围。

（3）不准无预想、无措施进行作业。日常巡视、检修、施工等每一项作业都要针对具体内容预想作业过程中可能发生的问题，并针对具体问题制定切实可行的防范措施和作业后的检查试验项目。做到把可能发生的问题都预想到位，把防范措施制定到位。

（4）不准无例会情况下作业。每一项作业前，作业负责人必须组织人员召开例会，明确作业内容、人

员分工、作业标准和作业程序、防范措施、检查试验项点等；配合外单位作业要派胜任的人参加车务部门组织的例会，在会上做好沟通和协调，做到作业内容、时间和影响范围掌握准确无误，并把例会内容向配合人员传达布置到位。

(5)不准工作准备不充分作业。各项作业前必须做到人员组织到位、材料工具准备齐全、图纸仪表准确完好、应急措施制定到位。作业前必须召开工作布置会，确定复查试验项点，明确责任分工。

(6)不准提前上道作业。在天窗修未给点或施工命令没有正式下达前，任何人不得提前上道作业。

(7)不准无目的、无标准动设备。任何动用设备的作业必须有目的进行，要清楚作业的重点、需要解决的问题、达到的标准，以及作业中可能发生的问题、检查和试验项点。

(8)不准未经复查试验盲目交付使用。任何一项作业结束后，单项作业负责人必须组织对单项设备进行复查试验，作业组织者(总负责人)要组织对所有设备进行全面复查试验，设备包机人对设备进行检查验收。室内外人员核对正确，确认检查试验良好后方可交付使用。

(9)不准驻站防护员盲目销记。驻站防护员必须具备相应的能力和素质,承担起作业后按照提示项点逐项逐条的检查试验工作。绝不允许以施工组织者的命令代替检查试验而盲目销记。

(10)不准擅自动用开通后的设备。设备开通交付使用后,不准擅自动用设备。发现设备存在隐患和问题,必须向驻站防护员汇报,驻站防护员向值班员(调度员)申请要点,在施工组织者指挥下进行处理。

3. 车载数据换装作业卡控

(1)确保不提前换。必须按照换装作业通知单规定的时间进行换装作业;委托外局换装车次必须由分析工区通过 LAIS 查询终端确认 LKJ 数据版本号;指派外局换装人员换装后必须及时转储作业文件并回传分析工区。

(2)确保不漏换。数据换装作业必须执行一人换装,一人确认作业制度;严格执行不见分析不发证制度,分析工区必须利用换装机车最新 LKJ 文件确认数据版本正确后方可发放确认码,并逐台确认销号;机车出库前检测人员必须再次确认 LKJ 数据版正确后,方可发放合格证。

(3)确保不错换。电务段接到数据后,必须确认数据版本、文件大小、生成时间,校验码正确,并及时与铁路局 LKJ 监控室办理交接手续;换装前,电务段必须组织与机务段共同进行模拟检验;灌制后的每批 LKJ 芯片须按照进行 2%的比例装机抽验,并确认数据芯片 ROM 显示正常。

(4)确保轨道车数据正确。必须按照段车载科下达的轨道车换装计划进行换装作业;每台轨道车换装后,作业人员必须转储文件并回传分析工区分析确认,逐台销号。

三、作业纪律

1. 基本作业纪律

(1)“三不动”:未登记联系好不动;对设备性能、状态不清楚不动;正在使用中的设备(指已办理好的进路或闭塞设备)不动。

(2)“三不离”:工作完了,不彻底试验良好不离;影响正常使用的设备缺点未修好前不离;发现设备有异状时,未查清原因不离。

(3)“四不放过”:事故原因分析不清楚不放过;没有防范措施不放过;事故责任者和职工未受到教

育不放过；有关人员未受到处理不放过。

(4)三级施工安全措施：段、车间、工区三级组织的施工均应制定施工安全措施，安全措施的基本内容应包括：施工前的准备措施、施工中的单项作业措施、安全卡控措施及安全防护措施，施工后的检查试验措施，以及发生故障时的应急措施。

2. 信号作业“十严禁”

(1)严禁甩开联锁条件，借用电源动作设备；

(2)严禁使用封连线或其他手段封连各种信号设备电气接点；

(3)严禁在轨道电路上拉临时线构通电路或造成死区间，或盲目用提高轨道电路送电端电压的方法处理故障；

(4)严禁色灯信号机灯光灭灯时，用其他光源代替；

(5)严禁甩开联锁条件，人为构通道岔假表示；

(6)严禁未登记要点使用手摇把转换道岔；

(7)严禁代替行车人员按压按钮、转换道岔、检查进路、办理闭塞和开放信号；

(8)严禁天窗外进行影响设备正常使用的作业；

(9)严禁现场动配线的作业和故障处理结束后，

联锁试验不彻底开通设备；

(10)严禁电化区段牵引电流未构通和电力机车占用下更换和拆卸轨道电路器材。

3. 通信电路“十项”纪律

(1)不准任意中断电路或业务；

(2)不准任意加、甩、倒换设备；

(3)不准任意变更电路；

(4)不准任意配置、修改数据；

(5)不准任意切断告警；

(6)不准借故推迟故障处理时间和隐瞒谎报故障；

(7)不准任意泄漏用户信息；

(8)不准任意泄漏系统口令；

(9)不准在系统上进行与维护无关的操作；

(10)不准关闭业务联络电话。

4. 车载作业纪律

(1)严禁灌制后的LKJ芯片不进行校验和上机抽验；

(2)严禁新写入彩屏文件的IC卡不进行上机试验；

(3)严禁使用超过擦除次数的LKJ芯片；

(4)严禁搬动机车、动车组、轨道车操纵手柄和和谐型机车、动车组停车制动按钮；

(5)严禁无防护员到站场进行故障处理、换装作业和轨道车检测作业；

(6)严禁未得到分析确认码发放合格证；

(7)严禁发放合格证时不确认数据版本号；

(8)严禁擅自进行机车、动车组、轨道车登顶作业；

(9)严禁故障后板件未经测试合格或原因不清出所；

(10)严禁未分析文件就发放分析确认码。

四、作业防护

防护是确保作业人身安全的最后一道防线，工长必须掌握现场作业，承担起作业防护管控责任。

(1)必须具备防护资质。工长不准安排没有取得防护资格的人员担当作业防护。

(2)注意掌握人员状态。工长必须掌握防护员状态，发现身体不适、精神不佳的，绝对禁止担当作业防护。

(3)适时增加防护人员。对作业环境复杂，遇有

弯道、大坡线路作业，工长必须加派防护员。

(4)主体施工作业防护。主体施工作业，工长必须安排室外防护员和驻站防护员，交代具体注意事项。

(5)配合施工作业防护。配合工务和外单位作业，工长必须单独安排防护员，绝不许单人配合。

(6)现场除雪作业防护。配合除雪时，大站、枢纽站、驼峰场必须室内外分别设置防护员，无人值守站必须与除雪单位人员同去同回。

(7)设备故障处理防护。故障处理必须保证双人，无人值守站必须会同车务、工务共同处理。

(8)段内横向作业防护。电子、中修、检修车间现场作业和车载站场数据换装、故障处理、轨道车检修以及动车组车站除冰雪时，现场工区必须承担作业防护，分别设现场防护员和驻站防护员。

(9)现场日常作业防护。由工长组织进行集中作业，杜绝分咽喉、多个组作业，确保掌控作业局面。

(10)多楼合一作业防护。多楼合一站由总楼负责登销记，分楼负责现场作业防护。

第四章　生产管理

生产管理是工区管理的重要组成部分，是段生产管理的基础。工区生产管理是对段和车间下达的生产任务以及工区日常检修进行有计划地组织、安排、准备和控制的过程，以确保各项工作能够在工区得到顺利落实。为加强工区生产管理，工长必须具备结合工区实际、季节特点，主动安排工作、布置故障防范的能力，切实体现工区安全生产的前沿阵地作用。

一、计表编制(生产计划)

计划管理是设备维护工作的基础，科学合理制定好维修计划，是确保生产有序、任务完成的前提。计表编制是指在段组织下，车间具体负责，工区配合编制计表。在检修作业权限上移到车间后，计表应充分体现车间组织作业的要求，车间编制《设备检修及重点整治计划表》并揭挂上墙，工区存档；工区编

制《设备检查及测试计划表》并揭挂上墙，车间存档。

对于段安排的重点整治、重点工作，由技术（车载）科每月下发重点工作计划，车间月初安排，月底总结上报。

1. 计表编制原则

（1）体现作业组织。为确保作业组织者发挥现场组织和现场控制的作用，作业组织者不能负责具体的检修任务；为落实和体现专业检修，检修基地、电子车间、技术支持中心、车载（列控）车间的检修计划表和试验室的Ⅱ级测试计划表要和现场车间工区的配合作业一致，且其编制计表内的项目名称上要有区别；工长作为工区各种作业的组织者，计表编制上原则上不准出现一天同时巡检或检修多个站设备的现象发生（交通便利的除外）。

（2）满足作业方式。主要是天窗内的作业任务量必须根据天窗时间长短、工区人员数量多少，车载设备作业项目必须根据检次合理安排每月、每天的设备检修或整治数量，做到任务安排均匀，在天窗时间内能够完成。同时，车间要充分考虑车间组织检修天窗的人员情况进行合理安排。

（3）注重季节性防范。主要是在编制计表任务

时必须把春融设备变化整治、夏季防洪防漏泄整治、冬季防断防上霜整治以及车载设备的防水防冻整治等列入重点进行安排。

(4)突出重点整治。要把秋鉴确定的设备隐患整治、段安排的重点整治列入计表安排中；车载设备还要把确定的设备整治项点列入计划表中。

(5)做到统筹兼顾。对重点整治、检修、巡检、配合作业等要统筹考虑时间安排，特别是管外站的工区，要充分考虑这些作业的周期，尽可能安排到一起作业，以避免人力、物力和天窗利用率的浪费。电子车间的电源屏年检要和电子设备的季检修结合，要和现场工区的室内设备检修结合。车载设备检修时间要与机车、动车组检次以及轨道车冬季整修相结合。

2. 计表编制过程

(1)段根据每年设备质量状况、年度重点工作、维修天窗作业管理要求、财务预算和上级要求，编制设备器材轮修计划表、重点工作计划表。

(2)段里确定维护周期、测试周期和微机监测浏览方面的要求和规定。

(3)检修基地、电子车间、技术支持中心按照设

备轮修和专业修的要求编制专业检修计划表，试验室编制Ⅱ级测试计划表。

(4)段下发计表编制原则和要求，以及设备轮修计划、重点工作计划、专业修计划，组织召开生产会布置计表编制，指导车间工区的计表编制工作。

(5)车间工区做好设备数量、设备分布、人员包修等基础情况准备工作，现场车间根据段下发上述资料，结合车间工区实际组织编制计表。

3. 年度维修计划表编制

(1)编制计表时要做好重点任务数量统计，确保不错不漏。

(2)根据段下达的设备器材轮修计划表、重点工作计划表，确定计表内容。

(3)设备春检、秋鉴、工电联合整治、季节性整治和年度测试工作要纳入计表。

(4)为体现车间组织检修工作，适应设备延长维护周期的需要，检修工作纳入车间计表。

(5)配合中修、大修、专业修工作要纳入计表中。

4. 设备检查和测试计划表编制

工区设备检查和测试计划表包括巡检、Ⅰ级测试等工区组织作业的内容，计表中要体现地点、内容、频次、时间。

二、天窗修管理

实施天窗作业是当前快速、重载、高密度的运输组织方式情况下，确保行车和人身安全的一种有效措施。同时，通过实施天窗作业，有效解决了电务设备修与用的矛盾，保证了电务检修时间，提高了电务检修质量，达到了减少设备故障，提高运输效率的目的。

1. 天窗作业管理

天窗作业实施计划管理、分级组织、逐级审批、过程考核制度。工区要抓好天窗工作量调查和人员组织，确保天窗时间得到充分利用。从段到电务处都要做好天窗作业管理、天窗兑现率和利用率的统计、天窗问题考核等工作，凡发现只登记不作业、超范围作业等问题要从严考核，对于因天窗没有兑现的，各段要及时组织工区完成相应的生产任务。

(1)工作量调查。根据设备器材轮修计划、年度重点工作、月度检修工作，以及段车间布置的重点工作和各级检查需要整治的问题和确定需要天窗的数量、地点和影响范围，必要时应到现场调查天窗具体

的工作量。

(2)天窗计划提报。天窗计划实施周提报,工区每周五提报隔周的天窗计划(对本周末兑现的计划要及时进行补报),提报天窗计划主要包括天窗等级、作业地点、项目、负责人、任务数量、配合单位、影响范围等。

(3)天窗计划审批。车间审核工区提报天窗计划的作业地点、项目、时间、影响范围,以及根据车间组织天窗、配合施工等实际作业情况统一调整,制定下周计划,并对配合计划进行审核、签认后,每周一8时前报段;段根据车间提报计划再次核对作业地点、项目、时间、影响范围,并依据路局调度命令、施工计划、其他设备管理单位计划统一调整,制定下周计划,需要配合、共用天窗的计划完成会签手续,每周二12时前上报车务段、直属站。

(4)天窗计划下达。每周五12时路局调度所将下周天窗修计划传达至各车务段、直属站;车务段、直属站每周五14时前传各设备管理单位,段每周五15时前传各车间,各车间核对无误后将批复的周计划下发到各工区。每日路局调度所下达次日计划,车间将次日计划调度命令、作业起止时间电话或传真通知工区,工区以每日调度下发的次日计划为准。

(5)天窗作业实施。天窗作业前要准备好材料、工具、仪表,组织好人员按时到达现场,明确作业分工和检修标准,制定具体的安全措施,并召开班前会进行详细布置,特殊天气要制定无法作业时的应急作业方案。天窗作业过程中,作业组织者要做好作业质量检查和人身安全的监控,同时,要注重发现职工在落实作业流程、作业标准和检修方法方面存在的问题,时间允许可现场进行培训指导。天窗作业结束前,必须做好复查试验,否则不准销记。

(6)天窗作业总结。天窗作业结束后,要进行及时总结,汇总计划任务完成情况,汇报发现问题的处理情况,点评职工作业质量情况,提出下步改进建议。

(7)共用天窗管理。段结合其他设备管理单位的维修、施工计划完成共用天窗会签手续;依据批复周计划,车务部门召开维修协调会时规定主体单位,各设备管理单位在不影响主体单位作业情况下完成天窗作业,如作业地点有交叉,要完全服从主体单位。

2. 天窗作业项目

(1)高速铁路信号维修天窗作业项目

Ⅰ级维修项目：

①年度信号联锁关系检查试验。

②室内、外单项设备更换。

Ⅱ级维修项目：

①道岔转辙设备检修。

②信号机设备检修及显示调整。

③区间、站内轨道电路设备检修。

④信号机械室、中继站、箱式机房内设备检修。

⑤列控地面设备、TDCS/CTC 设备检修。

⑥各种箱盒、贯通地线、光电缆等设备检修。

⑦室内、外设备整治及零小器材更换。

⑧在天窗内可以完成的其他作业项目。

(2)普速铁路信号维修天窗作业项目

Ⅰ级维修项目：

①年度信号联锁关系检查试验。

②室内、外单项设备更换。

Ⅱ级维修项目：

①道岔转辙设备、轨道电路、信号机、光电缆、贯通地线、各种箱盒等室外信号设备检修。

②信号机械室内设备检修。

③影响道口及车站设备正常运用的设备检修。

④影响驼峰信号设备使用的检修作业。

⑤室内、外设备整治及零小器材更换。

⑥TDCS/CTC 设备、CTCS-2 级列控地面设备检修。

⑦在天窗内可以完成的其他作业项目。

(3)高速铁路通信维修天窗作业项目

Ⅰ级维修项目：

①影响行车通信业务的光电缆、网络设备整治和网络调整。

②影响行车通信业务的 GSM-R 网络设备检修、整治。

③影响行车通信业务的通信电源设备检修、整治。

Ⅱ级维修项目：

①影响行车通信业务的设备、光缆、电路测试及主备用倒换、试验。

②影响行车通信业务的传输、接入、数据通信网、调度通信设备检修、整治。

③影响行车通信业务的直放站设备及天馈线、

漏缆等设施的检修、整治。

④行车通信业务停用、调整作业。

⑤在封闭网以内进行通信设备、设施的日常检查、维修作业项目。

⑥在天窗内可以完成的其他作业项目。

(4)普速铁路通信维修天窗作业项目

Ⅰ级维修项目：

①影响行车通信业务的光电缆整治、网络结构调整。

②影响两个车站以上行车通信业务的通信网络设备整治。

③影响行车通信业务的通信电源设备检修、整治。

Ⅱ级维修项目：

①影响行车通信业务的设备、光电缆、电路测试及主备用倒换试验。

②影响行车通信业务的传输、接入、数据通信网、调度通信设备检修、整治。

③影响行车通信业务的GSM-R基站、无线列调车站设备、区间无线中继设备及天馈线、漏缆等设施的检修、整治。

④隧道内、长大桥上通信缆线及附属设施的检查、检修、整治，以及跨越铁路线路的通信缆线整治。

⑤涉及行车通信业务停用、调整的GSM-R和调度通信网络数据制作。

⑥在天窗内可以完成的其他作业项目。

3. 天窗外上道作业

为提高检修效率，减少对运输的干扰，不影响设备正常使用的作业可安排到天窗外进行，但必须加强天窗外上道作业管理，杜绝为方便作业而把天窗内的作业项目安排到天窗外进行，以检查代替检修等问题的发生。

(1)天窗外上道作业控制

①严禁利用160 km/h以上的列车到达前的列车间隔时间进行天窗外上道作业。

②天窗外上道作业必须报段调度批准。

③必须严格控制天窗外上道作业数量，段、车间每月都要对天窗外上道作业情况进行分析，发现天窗次数少而点外作业次数多时，要查找越权组织作业、超范围作业方面的问题。

④天窗点外的正线作业必须车间组织；天窗点外的侧线作业必须工长以上人员组织。

(2)普速铁路天窗外上道作业项目

光电缆径路检查、室内外设备巡视检查测试、道岔清扫及转换试验(含密贴试验及故障电流测试)、道岔缺口检查、主副灯丝转换试验、各部螺栓紧固,以及在测试、试验过程中对设备动态变化引起的道岔密贴、转辙机锁闭缺口调整和轨道电路电压调整等不影响电务设备机械强度、电气特性的作业,以及车载站场数据换装、故障处理和轨道车季检作业。

上述作业除电务各机械室、运转室、中继站、通信基站设备巡检外,必须由工班长及以上人员组织。

三、常见故障防范

1. 道岔故障防范

道岔常见故障是机械卡阻、部件磨耗超限、季节变化影响、接点接触不良、外界作业妨害等引发的道岔故障。

(1)道岔机械卡阻控制措施

①发现尖轨反弹、道岔爬行、基本轨肥边必须及时与工务沟通联合整治;

②岔根间隔台磨耗超限,联系工务解决并不得将螺丝拧得太紧;

③交分道岔主副开程不均造成尖端杆吃劲，要及时跟踪整治；

④发现道岔顶铁与密贴尖轨间吃力大要及时整治调整；

⑤发现滑床板辊轮作用不良要及时调整；

⑥发现道岔动作的各种杆类磨卡要及时调整。

(2)部件磨耗超限控制措施

①对锁钩铜套磨耗超标的及时更换铜套；

②对锁闭铁磨耗严重，出现台阶的及时更换，对锁钩出现台阶的轻轻打磨后使用，严重的下道更新；

③对锁钩连接轴磨耗严重，出现沟槽旷动的及时更换；

④对锁钩连接铁磨损严重，圆孔出现椭圆的下道更新；

⑤对锁闭杆侧面限位槽磨耗严重的及时更换；

⑥对心轨锁钩中间沟槽磨耗严重出现台阶的及时更换；

⑦普通道岔取消表示杆，改为带螺丝销子；

⑧工务方钢销子采用高强螺栓；

⑨日常保证锁闭杆凸台、锁闭铁、锁钩连接轴等部位油润。

(3)季节变化影响控制措施

①温度变化时及时对直流转辙机故障电流进行适应性调整；

②注意冬季道床病害引起的道岔尺寸变化；

③春秋两季对道岔进行适应性机械调整；

④春融季节注重道床沉降对道岔的影响。

(4)接点接触不良控制措施

①转辙机防潮整治,防止接点上霜；

②开盖巡检注意观察接点是否发黑变色；

③转辙机检修时加强接点擦拭。

(5)外界作业妨害控制措施

①工务道岔大修后专人值守,每天两次现场检查；

②破底清筛后及时扳动道岔进行转换试验；

③对转辙机手摇把孔、钥匙孔进行封堵；

④发现工务在转辙部位作业必须立即配合。

(6)道岔故障日常防范措施

①利用微机监测查看道岔电流曲线,发现异常立即查找原因；

②转辙机空闲接点并联使用；

③外锁闭道岔补齐防沙罩；

④外锁闭道岔冬季安装防雪罩；

⑤检查发现道岔密贴或表示缺口发生变化，必须查清原因再处理和调整；

⑥冬季驼峰风管路排污防冻；

⑦冬季驼峰快动道岔电热整治；

⑧转辙机检修时进行动作电流、故障电流、溢流压力、牵引拉力标调，扳动转换时看转辙机换向器火花；检查油路良好，油箱油量满足标准；

⑨驼峰快动转辙机插子空闲端子并联使用；

⑩每年6～7月份对道岔电缆进行对地及线间绝缘测试；

⑪控制台直流表头并接大功率二极管防断线；

⑫加强断相保护器测试；

⑬配线防磨卡检查整治，特别是蛇管内配线磨卡整治；

⑭开展好工电联合整治道岔；

⑮春、秋两季对道岔进行标调；

⑯外锁闭道岔每年进行同步调整、对同步电路进行试验；

⑰道岔检修时必须检查接点接触状态和观察电机换向器转动时的火花，并进行清扫。

2. 轨道电路故障防范

轨道电路常见故障是绝缘不良、电子设备单套使用、外界妨害和回流不畅引发的红光带。

(1)绝缘不良控制措施

①列车进路的绝缘一律采用高强绝缘；

②保证每组绝缘3年内至少分解一次；

③分解绝缘或组装绝缘时对轨腰涂防锈漆，对轨头进行打磨除肥边；

④日常加强对钢轨绝缘的清扫，保证无铁屑和污物；

⑤冬季加强对大轨缝绝缘的检查和测试。

(2)发送、接收电子设备单套使用控制措施

①25 Hz相敏接收器增加测试频次，每周一次；

②对超8年的相敏接收器要做好应急更换准备；

③UM71型轨道电路增加末端测试项目，对继电器的电压进行测试；

④对超10年的UM71型轨道电路发送器开盖检查，更换不良电容；

⑤对超8年的相敏接收器有计划组织进行入所检修。

(3)外界妨害控制措施

①对偏载仪、轨道衡、红外线设备绝缘按周期进行测试；

②对工务的轨距杆、方钢绝缘、每年进行 2 次测试；

③脱轨器短角钢与长角钢之间加装绝缘；

④道口铺面取消钢筋混凝土。

(4)回流不畅控制措施

①检查中性连接板接触良好；

②横向连接线双套化并固定良好，不得埋入石砟中；

③横向连接线、吸上线接触良好、端子紧固；

④使用“两横一纵”时安装牢固、接触良好；

⑤增加根母固定扼流变接线端子。

(5)轨道电路红光带日常防范措施

①利用微机监测浏览查看轨道电路电压曲线和日报表，发现变化或异常及时分析和处理；

②等阻线采用防腐防混线；

③箱盒电缆配线采用辅助线环；

④室外断路器并联 1 A 熔丝；

⑤雨季增加电缆对地绝缘测试密度；

⑥牵引回流检查、吸上线测试；

⑦双引接线逐条测试电流，发现电流不均衡及时查找原因和处理；

⑧对单套使用超过10年的25 Hz相敏接收器一律下道；

⑨安装等阻线、引入线时，线环必须与轨腰成一定角度，保证不折弯受损受力；

⑩轨道箱内调整电阻使用带螺丝加力的滑片。

3. 电(光)缆故障防范

光电缆故障重点是防断、防盗、防火、防冻、光缆割接防错。

(1)电(光)缆防断控制措施

①施工前，必须进行“井”字型挖验，确定光电缆径路；

②主动与施工部门联系，有施工必监控；

③监控时刻提醒施工部门注意电缆路径，对排迁电缆采用水泥砌砖或波纹管防护；

④整治电缆埋深不足，对护栏外光电缆增加警示牌和电缆标桩密度，对过桥涵电缆砌砖防护整治；

⑤对危及光(电)缆安全或无施工许可证和安全协议的施工必须立即制止；

⑥加强添乘巡视，发现临近电缆路径动土施工及时到场监控；

⑦电路径路上标识必须齐全、清楚，必要时要在附近制作宣传标语。

(2)电(光)缆防盗控制措施

①过桥涵电缆砌砖并涂刷斑马警示线；

②对电缆埋深不足下卧整治；

③加强添乘巡视。

(3)电(光)缆防火控制措施

①过桥涵电缆砌砖防护；

②整治电缆埋深不足；

③上跨过沟电缆槽管砌砖防护，下穿过沟电缆下卧整治；

④每月对架空杆路进行巡视，杆路2 m内严禁堆放稻草、柴草等易燃物品，不准在光电缆径路上烧荒；

⑤光电缆井口必须封严，发现井盖缺失及时补全，定期清理井内杂物；

⑥清理电缆盒、箱盒下的杂物；

⑦清理过桥电缆槽内的杂物。

(4)光缆防冻控制措施

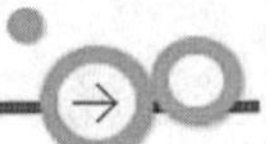

①每年组织对有钢管防护且埋深不足的光缆处所进行深埋下卧；

②定期检查引上、引下光缆防护铁管的防水封堵情况，采用灌泡沫胶封堵；

③结合重点整治计划，取消冻害处所防护钢管。

(5)防止光电缆割接错误控制措施

①光电缆割接作业必须由车间组织实施，大通道光缆割接必须由段组织实施；

②割接前必须由施工负责人组织对新敷设光电缆进行特性测试，并确认好光电缆线序、型号；

③多条光缆同径路敷设时，对要割接的光缆必须确认准确，必要时采用纵剖方式或使用光纤识别器、红光源进行确认；

④光缆割接前施工负责人必须确认排迁范围内无接头，如果存在接头，施工点内开接头盒确认接续线序、纤序；

⑤施工过程中必须设专人负责测试工作，割接前，做好模拟中断试验，设备、业务验证确认工作，割接中用 OTDR 对光电缆进行时时监测；

⑥割接全部完成后对光电缆进行特性测试，确认设备、业务恢复正常，并保存好测试记录。

(6)光(电)缆故障日常防范措施

①加强电缆对地及线间绝缘测试，发现不良及时处理；

②电缆箱盒密封良好不进水；

③低洼处电缆箱盒抬高防水害；

④补齐电缆标桩、警示牌；

⑤备用芯线图纸准确。

4. 电源故障防范

电源故障防范重点是电源屏运用不稳定，外电网电源质量差。

(1)电源屏运用不稳定控制措施

①普通电源屏每年必须停电检修1次(智能电源屏每两年1次)；

②对各种UPS每年进行2次充放电试验；

③对电源屏电流表头并联二极管防止断路；

④使用热敏成像仪检查电源屏器材设备和配线发热情况，发现异常及时处理。

(2)外电网电源质量差控制措施

①发现电源屏使用某路电源时带载能力差、电压降低及时通知供电部门处理；

②日常检查或监测浏览发现外电网电压波动，

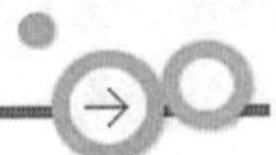

及时通知供电部门处理；

③外电网停电，恢复供电后核对相序正确；

④发现外电网电压低于 150 V（正常 220 V），及时切断电源开关，防止烧损交流接触器；

⑤三相电源负载电流相差大的要及时调整；

⑥电源屏年检时必须用示波器测试引入电源质量。

（3）电源故障日常防范措施

①采用微机监测浏览电源输入输出质量；

②电源必须满足分级防护原则；

③新上道电源屏必须入厂验收，上道前全面开箱检查试验和测试；

④合理调整电源屏输出，保证负载平衡；

⑤智能电源屏直流模块监视窗必须放到电流测试位置，发现工作电流不平衡的及时处理；

⑥加强浏览智能电源屏上的报警信息，进行分析发现隐患问题。

5. 计算机联锁故障故障防范

计算机联锁故障主要是电源故障、驱动板故障、双套不转换。

（1）电源故障控制措施

①加强日常浏览查看，发现报警信息及时处理；

②加强日常设备巡检，对发热器材重点巡视。

(2)驱动板故障控制措施

①加强日常浏览查看，发现报警信息及时处理；

②抽测驱动继电器电压。

(3)双套不转换控制措施

联锁机执行主备机定期倒换试验。

6. 作业后故障防范

作业后故障防范主要是作业后检查试验不到位引发故障。

作业后检查试验不到位控制措施：

①转辙机检修或开盖检查后必须进行作业后的扳动试验；

②更换灯泡必须进行转换试验，灯端电压调整后必须试验显示正常；

③更换继电器一定要核对型号、鉴别销及安装位置；极性保持继电器更换前核对待换继电器吸起、打落状态，更换后进行动作试验；

④更换 SJ 或 1DQJ 后应进行进路锁闭状态(白光带)扳动试验；

⑤更换器材后必须进行各种状态的动作试验。

7. 会议设备、通道故障防范

会议设备、通道故障控制措施：

①会议系统采用不同径路的主备用通道，MCU间通道热备份，会议前对设备连线进行检查、紧固；

②每次会议开始前90分钟开机试线，会议点值机人员时时观察主会议室播放的音视频信号，发现异常及时联系、处理；

③利用传输网管对通道性能进行实时监测，每月对视频主备用通道进行切换试验一次；每季度对设备、通道的各种电气性能进行测试，并整治达标。

8. 通信电源故障防范

通信电源故障防范的重点是动力与环境监控系统失效、蓄电池不能正常工作、引入电源无主备、整流模块无备份等。

(1)动力与环境监控系统失效控制措施

现场工区每月1次检查动力与环境监控系统运行情况，确保动力与环境监控系统必须良好。

(2)蓄电池不能正常工作控制措施

①每年进行蓄电池容量核对测试，容量必须在80%以上，不合格蓄电池要及时更换；

②取消一、二次下电保护功能，采用恒压限流均

充方式充电。

(3)引入电源无主备、整流模块无备用控制措施

①高频开关整流模块必须采用 $N+1$ 冗余备份；

②双路交流电引入的机房必须安装交流电自动转换装置。

9. 重要电路中断防范

重要电路中断防范重点是重要电路无保护或保护通道不能正常倒换、接入设备电源不可靠。

重要电路无保护或保护通道不能正常倒换控制措施：

①对资源进行优化调整，使重要电路具备迂回路由；

②每年段技术科组织进行通道保护功能切换试验；

③利用传输网管实时监测重要电路性能，发现电路性能下降，段通信技术科立即组织查找解决。

10. 传输、接入网系统故障防范

传输、接入网系统故障防范重点是不按作业标准进行检修、测试，导致不能及时发现设备隐患。

传输、接入网系统故障控制措施：

①每天对传输设备、网管进行巡检，主任或工长

不定时对巡检情况进行抽查；

②利用网管对设备运行状态、误码性能进行实时监控，发现异常立即处理；

③不准随意关闭设备、网管告警，主要板件要实现冗余备份。

11. 无线设备故障防范

无线设备故障防范重点是无线大三角通话质量差，调度命令、车次号或进路预告传送失败，车机联控不良。

(1)无线大三角通话质量差控制措施

①路局数调工区每月进行一次调度集中区段无线大三角通话试验，发现无线调度总机不能准确选站的问题进行处理；

②每年对无线调度总机进行一次电平测试调整，每 2 年对无线调度总机进行一次电气特性测试；

③定期测试无线场强和电磁干扰，对弱场进行补强，清除干扰源。

(2)调度命令、车次号或进路预告传送失败控制措施

①电务处通信科协调地方无线电管理机构，对

无线电干扰源进行查找清除；

②路局数调工区配合各段每月进行一次调度命令传送试验，并根据试验结果对调度命令转接设备进行整治。

(3)车机联控不良控制措施：

①为单司机配备应急手持台；

②机车出入库检查时，无线机车电台、CIR检查不合格不准出库；

③结合标准车整治和定期轮修，对机车电台、CIR的电气特性指标进行测试，对不合格设备进行更换。

12. 车载显示器故障防范

车载显示器故障防范的重点是ATP及LKJ显示器黑、白、定、花屏。

车载显示器控制措施：

①每隔6个月利用动车组Ⅱ级修时机清理ATP显示器CF卡；

②动车组LKJ显示器在Ⅱ级修以上修程下车维修的基础上，每年春检和秋鉴下车维修两次，重点监测CPU电压并清理电子盘，Ⅱ级修以上修程，必须进行显示器老化试验；机车LKJ显示器按照规定检

次下车并按Ⅱ级修标准进行检修测试；

③重点分析和查找LKJ运行记录文件、检测作业文件中非关机造成的“显示器通信超时”记录，发现问题及时处理。

13. 速度传感器故障防范

速度传感器故障防范重点是动车组ATP速度传感器单套故障无法正常运行。

动车组ATP速度传感器单套故障无法正常运行控制措施：

实行计划修，建立传感器使用周期台账，结合Ⅱ级修进行拆装检查；结合春检和秋鉴每6个月现场进行开盖检查并更换防水胶圈；走行公里超过120万公里或使用两年的必须进行更换。

14. BTM故障防范

CRH5型动车组每年11月至次一年3月间封闭散热孔；CRH380B型动车组冬季使用B系。

15. 机车“带病”出库问题防范

机车“带病”出库问题防范重点是人为造成紧交路、无确认码发证、分析不能发现有质量问题、故障处理不彻底。

(1)人为造成紧交路、无确认码发证控制措施

①掌握机车出入库计划，根据机车出库计划，合理安排作业顺序，及时上车；

②及时转储、发送文件，严禁连续检测多台机车后再发送文件，以免造成分析确认码发布不及时；

③紧交路机车，必须由工班长参加作业，在检测工区简单分析，并在合格证上签字；

④检测和分析发现设备存在异常需要处理时，必须由工班长组织并参加作业。

(2)分析不能发现有质量问题控制措施

对分析员实行资格认证制度，分析员必须经过专项培训和考试，必须了解车载设备运行记录数据中事件代码的含义和记录条件，必须了解车载设备的基本原理。

(3)故障处理不彻底控制措施

运行途中发生车载设备故障，机车入库后，段车载科主管工程师组织车载设备车间技术专职以上干部到达现场进行分析及处理。入异地检测点，在时间无法满足要求的条件下，由车间技术专职以上干部组织工长进行处理，并将处理结果报车载设备车间。对更换机车的，技术科主管工程师必须到达现场组织分析及处理。

四、季节性故障防范

1. 春季故障防范措施

(1)电缆防沉降。在春融化冻期间,对所有箱盒进行开盖检查,重点检查电缆有无沉降变化;对电缆对地绝缘和线间绝缘进行测试,发现问题及时处理。

(2)机柱、基础防倾斜。重点检查春融化冻后机柱、基础是否倾斜,及时采取加固防护措施。

(3)道岔防卡阻。根据春融道床变化情况,及时对道岔密贴和锁闭进行调整;随温度变化及时对道岔故障电流进行适应性调整。

(4)轨道电路防漏泄。加强轨道电路测试和微机监测曲线浏览,对轨道电路及时进行调整。

(5)防雷设备防失效。每年 3 月份前,必须完成防雷地线、防雷元件的检查、测试、整治工作。

(6)车载设备防水整治。每年春节整修车载设备,必须对 LKJ、机车信号设备做好防水检查、整治。

2. 夏季故障防范措施

(1)轨道电路防分路不良。雨后对未登记区段分路状态必须进行检查。

(2)道岔防卡阻。加强道岔转辙设备雨后注油

和扳动试验；整治转辙机毡垫防止机内进水。

（3）轨道电路防红光带。要对漏泄超标区段进行适应性调整；必要时可调至标准值上限，雨天加强测试检查；要加强绝缘轨缝检查和钢轨绝缘测试，防止绝缘顶死。

（4）箱盒防水淹。开展低洼处所箱盒抬高整治，线间排水不良处所箱盒底面要高于轨面，其他低洼处所箱盒要抬高或移设到安全位置，以确保水漫线路时箱盒不被淹。

（5）防雷设备防失效。做好雷雨后设备检查和测试，重点检查防雷元件雷后有无损坏失效，设备电气特性有无异常变化，发现问题及时处理；发现雷电计数器变号时，必须对防雷设备及电子设备进行全面检查测试。

（6）机械室防漏雨。对车站、道口机械室屋顶、门窗进行全面检查，对存在漏雨、进雨问题的处所建档立卡，向房产部门发整改通知书；对存在屋顶漏雨、渗水问题的机械室，在没有解决问题前，准备足够的塑料布，雨前对关键部位设备采取遮盖防护措施。

（7）空调设备防故障。开展机械室空调专项整

治，确保空调内部干净，无灰尘、杂物，电源接线规范，断路器齐全。

（8）车载设备防水检查。车下速度传感器必须利用检次做好速度传感器防水胶圈检查，不良必须进行更换。

（9）雨季防杆塔倒伏。大雨过后必须组织添乘检查或现场检查，及时发现和整治杆塔倾斜问题。

3. 冬季故障防范措施

（1）设备防冻害。重点检查转辙机下部是否有冻害，检查硬面化不得接触转辙机底部和安装装置角钢，防止因道岔冻害地面硬化隆起使角钢受力断裂，机械联锁失效；注意冬季道床病害引起的道岔尺寸变化；转辙机润滑油改用抗寒机油；驼峰设备如转辙机、减速器控制箱等，必须确保电热完好，必要时加防护罩保温；道口控制器要保证电热装置良好，并在封冻前开启。

（2）接点防上霜。进行转辙机、密检器、转换锁闭器密封整治，防护罩、密封胶条作用良好，手摇把孔、钥匙孔和防水孔要堵严，加防寒吸潮纸壳、投放干燥剂、并联转辙机接点等防寒防霜措施要全部到位。接点接触深度和压力符合标准，防止接点上霜

发生接触不良故障；液压转辙机油量不足的要立即补充，并进行一次定反位排气，防止发生油缸窜动故障；严重潮湿处所（水塘、河口处）转辙机要采取加装电热装置等具体措施。

（3）雪后防卡阻。对外锁闭道岔锁闭沟槽、普通道岔动作杆云铁处进行认真检查，及时清除残雪，防止残雪造成不落锁；对道岔运用环境进行认真检查，及时与有关部门协调清除道岔周围积雪，防止列车运行夹带残雪，造成次生性雪害；对道岔运用状态进行全面复查，及时发现道岔除雪过程中造成的转辙机杆件、挤切削、速冻爪滚轮变形等机械受损。

（4）ZD6 系列电动转辙机防倒表示。加强日常设备维护工作，现场工区要认真执行道岔扳动试验制度，对道岔动作、锁闭和故障电流认真测试分析，发现超标立即整治，温度突变后要及时调整 ZD6 系列电动转辙机摩擦电流，防止因摩擦电流过高发生倒表示故障。

（5）钢轨绝缘防混电。加强巡检，钢轨绝缘轨缝变大要及时测试并联系工务整治，确保绝缘良好。

（6）雪天防分路不良。雪天必须对驼峰分路轨

道电路状态进行检查，防止出现分路不良。

(7)车载设备防冻失效。每年11月初至次年3月末做好内燃型机车（不含和谐型机车）紧急、常用制动试验出库检测工作。

五、监测浏览、测试工作

监测浏览、测试是信号设备维护工作的重要内容之一，通过监测浏览、测试，掌握和分析设备运用状态，指导维护工作，预防设备故障，保证设备正常运用。工长要根据维修计划表的计划，按照规定组织完成管内各系统网管、复示终端的监测、浏览、Ⅰ级测试和分析工作。

1. 信号监测浏览、测试工作

(1)工长要亲自组织日常维护过程的测试工作，按照周期组织人工测试、微机监测浏览和监测数据校核工作。发现电气特性超标或超分析时限时，及时分析处理。

(2)测试分为Ⅰ级测试、Ⅱ级测试和动态检测。Ⅰ级测试由各信号工区负责；Ⅱ级测试由各电务段的信号试验室负责。

(3)微机监测已完成的测试项目，不再进行人工测试;未纳入微机监测项目或微机监测设备故障时,按人工测试周期进行人工测试。为了校核微机监测数据的准确性,每年需进行一次人工测试。

(4)具有电源接地、电缆绝缘、轨道电路分路残压测试功能的微机监测车站取消电源接地、电缆绝缘人工测试记录,将电源接地、电缆绝缘、轨道电路分路残压测试数据经人工操作保存在报表内,对重要的轨道电路残压测试数据同时记录在人工测试记录表格内。

(5)必须真实准确填写测试数据,认真细致分析各种数据,相关资料保存期不少于2年。

2. 通信监测浏览、测试工作

(1)组织完成管内各系统网管、复试终端的监测、浏览、Ⅰ级测试工作。

(2)对网管、复示终端浏览发现的问题根据影响范围及时组织处理,并统计上报。

(3)每月组织对测试结果进行分析,并将分析报表上报车间。

(4)对电气特性超标的问题及时制定解决方案并组织处理、查找工作。

(5)组织管内防雷设备的安装及雷后复查工作。

3. 车载设备监测浏览、测试工作

(1)工班长必须亲自组织每日 DMS 浏览、监测在线信息;工长要亲自浏览 LKJ、机车信号以及数据换装信息;发现异常信息必须亲自组织人员进行及时分析处理。

(2)机车信号发码环线测试分为Ⅰ级测试、Ⅱ级测试和动态检测。Ⅰ级测试由各检测(集中修)工区负责;Ⅱ级测试由各电务段的信号试验室负责。

(3)每次Ⅰ级测试,库修工区必须测试 LKJ 车载设备电气线路绝缘状态;Ⅱ级测试需要对下车设备进行绝缘、电压、阻抗等功能测试。

六、巡检检修作业

1. 信号巡检检修

(1)根据工区设置和运用繁忙程度不同,将既有线站内巡检分为隔日巡、周巡和半月巡三种,其中工区所在地实施隔日巡,无人值守站实施周巡,偏远支线实施半月巡。

(2)区间设备实施添乘机车巡检。

(3)既有线室外设备检修分季检修和半年检修两种,除转辙机和道口设备每季检修外,其余室外设

备均为半年检修。

(4)室内设备分年检修和两年检修两种,智能电源屏为 2 年检修 1 次,普通电源屏 1 年检修 1 次,其余室内设备为年检修。

(5)电子车间巡检调整为每半年全覆盖巡检指导一次。

(6)有转辙机缺口视频监测的高速铁路车站,站内设备实施每周一、三、五巡视;区间设备每年两次的集中整治,取消区间设备巡视,改为添乘摄像、回放分析。

(7)现场信号工区巡检的重点内容主要是设备加锁加固情况、轨道电路三线接触及防混情况、钢轨绝缘螺栓松动、绝缘破损、轨端肥边及铁销、扣件封连情况,轨面分路状态、道岔密贴、缺口标记、各部螺丝紧固情况等。

2. 通信巡检检修

(1)高速铁路通信设备巡检检修周期和重点内容

①通信机房设备:基站、所亭每季 1 次,车站每月 1 次。

室外设备:引入光电缆径路检查、铁塔检查、机房外观检查、封闭网外视频设备检查。

室内设备：环境检查、“四防”检查、卫生清理、机房设备检查、防灾设备检查、调度所/行车室设备检查、设备地线检查和测试。

②区间设备：每季 1 次。视频摄像头检查、隧道内设备检查、加锁检查。

(2)普速铁路通信设备巡检检修周期和重点内容

①通信线路及附属设施：半年 1 次(结合春秋检)、架空线路危险处所每月 1 次。主要是径路巡检、附属设施巡检、地线及防雷检查。

②车站通信设备：每月 1 次。主要是机械室巡视、传输及接入网设备检查、数调主/分系统检查、动力与环境监控系统检查、交流引入检查、电源设备检查、蓄电池组检查、调度台/值班台检查、无线列调设备检查、无线车次号接收机检查、无线中继设备检查、铁塔检查、作业后复查。

③道口无线预警设备：每月 1 次。主要是外观检查、设备检测、销记。

3. 车载设备检测检修

(1)车载设备检测：对每次入库的机车、动车组车载设备，按照检测项目进行设备外观检查和功能试验，对其 LKJ、机车信号以及 ATP 运行文件进行分析确认，合格后发放分析确认码和合格证；轨道车必须每季度进行季度检测1次。

（2）机车车载设备Ⅰ、Ⅱ级修：按照机车的检次，根据机车车载设备Ⅰ、Ⅱ级修检修项目对其进行检修、测试。

（3）动车组车载设备Ⅰ、Ⅱ、Ⅲ级修：按照动车组的检次，根据动车组车载设备Ⅰ、Ⅱ、Ⅲ级修检修项目对其进行检修、测试。

（4）轨道车车载设备冬季整修：利用轨道车冬季整修时机，对轨道车车载设备进行全面整修测试。

七、设备检查

为了全面掌握设备运用状态，制定好下一步维修计划，工长必须完成定期对设备的检查。

（1）工长必须对工区职工维护的设备进行跟表检查，发现问题进行考核。

（2）工长每月对管内主要设备全部检查一遍，按质量要求进行评价，纳入个人设备质量考核。

（3）工区每年3月份要对设备进行春检、每年9月份对设备进行秋鉴，掌握设备现状，制定维修计划。

(4)在工区每月生产例会上,针对各级检查发现的设备问题和本车间、工区存在的倾向性问题进行分析,查找原因,制定控制措施,并对维修责任人进行考核。

(5)对施工新安装和"天窗修"作业后的设备,工长要组织工区人员对设备按标准进行质量复查。

(6)按照规定周期,对管辖设备进行测试,发现问题及时分析、查找原因。

(7)设备质量检查情况纳入工区、个人日常考核,包括春检、秋鉴检查发现的设备质量问题。

第五章　应急管理

工长是电务设备故障和突发问题的第一受理人，信息传送及时、备品备件齐全、抢修用具良好是应急顺利启动的基本保障，作为工长不但要抓好日常应急管理，更要具备基本的应急抢修技能，承担起减少损失和影响的责任。

一、日常应急管理

工区是应急抢修备品和用具存放的最便捷地点，工长必须承担起日常管理责任，为压缩故障延时提供保障。

1. 备品备件管理

(1)工区配备应急备品备件应定置存放，建立台账；

(2)备品备件名称、数量、规格、日期等标记齐全；

(3)转辙机等大型备品和部件纳入计表并定期

检修；

(4)备品备件作为应急所用，使用后必须及时补充；

(5)更换后的备品备件必须及时返回检修所或厂家；

(6)工长每月必须亲自对备品备件检查核对并签字。

2. 抢修用具管理

(1)应急抢修用具按段明细要求放置在应急包内；

(2)应急包内抢修用具齐全良好并严禁日常使用；

(3)应急照明灯具必须定期试验并在使用后充电；

(4)应急仪表各项功能必须良好并在使用后复位；

(5)应急抢修用具破损或不良必须及时进行补充；

(6)工长每月必须亲自检查应急抢修用具的状态；

(7)应急抢修车内必须确保规定的抢修用具

完好。

二、应急抢修组织

工区是最基本的应急组织，工长必须抓好日常管理，确保判断准确、处理及时。同时，工区在应急抢修过程中必须做到严禁单人上道处理故障，必须在段、车间的指挥下处理故障。

1. 基本要求

(1)掌握真实信息。设备故障后，工长必须亲自到运转室或现场查看，清楚故障设备、位置、现象，根据影响情况及时登记，并将登记情况汇报段调度和车间。

(2)及时上报信息。掌握故障真实信息后，必须在5分钟内向段调度汇报设备故障简要情况，然后上报车间值班干部。

(3)做好处理准备。根据掌握的故障情况，准备好应急备品、材料和应急包以及照明灯具，等候段里通知。

(4)服从段里指挥。在段调度或干部指挥下进行查找处理，绝不许私自盲目处理，防止扩大范围或发生次生问题。

(5)保证人员充足。室外设备故障必须保证双人,室内必须专人坐台,人员不足必须会同车务、工务人员或等待段、车间人员到后共同处理。

(6)做好检查试验。故障处理完毕后,必须对动过的设备进行检查和测试,做好联锁试验,并按段调度要求项点进行复查,确保不错不漏。

(7)确认良好销记。检查试验良好后,及时通知室内驻站防护员,由室内人员汇报段调度,在调度指挥下进行销记。

2. 应急组织

(1)建立应急联系方式。建立以工长为主的应急抢修基本组织,明确通信联系方式,掌握段内相关人员电话号码,工务、工电、车辆、机务等相关部门人员电话号码,邻站、邻工区、相邻电务(通信)段的车间工区电话,尤其是厂家技术支持人员电话号码,及定点出租车司机电话。

(2)掌握交通线路图。工长必须了解管内设备实际位置情况,清楚应急抢修路线图,对行走路线,对路况、路标和参照物必须了如指掌。

(3)健全应急台账。工区建立易发生水害的处所台账、容易侵限杆塔台账、上跨缆线台账。

(4)有序组织处理。必须按照先室内后室外、先近后远、先正线后侧线的原则,组织进行故障修复,最大限度地压缩故障延时和影响。

(5)外界妨害处理。发生外界妨害造成的设备损坏、丢失导致设备停用时,要及时通知公安、车务、工务等有关部门到现场确认,并积极组织进行修复。

第六章　配合作业

电务设备除了受运用环境、天气条件、列车运行等外界影响较大外，各部门作业对电务设备影响也非常突出，为确保电务设备安全可靠运用，作为设备主管单位，必须积极主动配合好其他部门作业，积极主动与其他部门共同规范好配合作业，减少作业管理上的空白点和盲区，减少其他部门作业影响电务设备问题的发生，确保行车安全。

一、工电间沟通联系

工务、电务间设备结合部多，作业配合紧密，特别是工务设备状态、工务作业对电务设备稳定运用影响大，必须加强工电间的日常沟通联系。

电务工长与工务工长建立每天沟通联系制度，保证每天晚沟通、早联系，了解工务次日作业，明确需要配合的工作；电务车间主任和工务车间主任建立每周沟通联系制度，互相通报结合部管理和设备

上存在的问题，以及近期要开展的主要工作和相互间需要配合事项，协调结合部问题的整改，沟通上次协调需要解决问题的落实情况。对于协调解决不了的问题，工区要上报车间，车间协调解决不了要上报段调度，调度要将信息纳入次日交班会，由段主管科室或主管领导，甚至是主要领导进行协调解决。

二、配合电力停电作业

工区在每月初要根据《月度施工计划》，确定具体的电力停电施工项目，并结合检修和巡检作业，做好配合作业组织安排；对于供电部门临时通知的停电或倒闸计划，工区值班人员做好记录，信号工区必须派人到现场配合；对于巡检检修、监测浏览中发现的电源转换问题，要及时与电力沟通并查明原因。在配合电力停电作业时，要做好相应的准备和试验工作。

1. 信号配合停电作业

(1)停电前测电源。配合人员必须在电力电源停电前提前到达，并测试电源屏引入和输出电源的电压和电流，以备电力电源来电后复查数据。

(2)停电后断开电源。电力电源停电后要及时

断开电源箱的引入电源断路器，防止电力电源来回供电烧毁电源屏器材。

(3)来电后测试输入。电力电源来电后要及时测试电力引入电源电压，以及两路电源的相位正确，确保电源电压稳定不超标，相位正确。

(4)供电后核对输出。确认引入电源电压稳定，相位正确后，给电源屏供电，电源转换试验良好，电源屏模块工作正常后，测试电源屏输出与停电前的数值是否有差异，发现问题及时处理。对于计算机联锁，TDCS/CTC和微机监测的UPS电源、电力停电后要及时断开UPS输入和输出；电力来电后，先分别给上UPS输入，待UPS工作稳定后，再分别给上输出，逐个启动负载。

(5)销记前试验良好。开通销记前必须确保闭塞、改方、道岔操纵等试验良好，必要时要进行易发问题设备的测试工作。

2. 通信配合停电作业

(1)停电前，工长或指派专人提前1小时到达现场监控，并进行两路电转换试验、交直流转换试验。发现异常立即向段调度、车间汇报，并积极处理。

(2)停电后，通知现场人员断开停电分路的空气

开关（刀闸），将发电机输出线接在空气开关（刀闸）后部靠近设备侧，并密切监控，随时做好发电准备。

（3）来电后，现场确认交流电相位正确和电压稳定，方可恢复停电分路的空气开关（刀闸），并再次作好双路交流电源转换及交、直流转换试验。

（4）试验良好后，并经各级网管确认，汇报车间值班人员和段调度，得到许可，方可撤离。

三、电化区段配合作业

（1）作业人员身体及携带物件（如长杆、导线、工具等）与接触网带电部分，必须保持 2 m 以上距离，与回流线必须保持 1 m 以上距离；侵入上述限界的信号机、电杆等必须建档立卡，纳入危险源控制。

（2）在距离接触网带电部分不足 2 m 的处所作业时，接触网必须停电，由接触网工区人员安设可靠的临时接地线后，方可开始工作。作业时必须设专人对临时接地线进行监护，拆除临时接地线后，严禁再进行作业。

（3）设备地线必须连接牢固，接触良好，接地电阻符合要求。现场作业时必须首先确认地线接触良好。

(4)现场作业时,必须按规定使用耐高压的绝缘防护用品,如高压绝缘手套、绝缘靴、绝缘垫等。

(5)更换扼流变压器、中心连接板、轨道电路送受电端的扼流变压器连接线、站内横向连接线等器材时,必须按规定使用"两横一纵"防护线,保证牵引电流畅通后,方准进行作业。

(6)更换轨道电路绝缘时,应确认扼流变压器连接线各部连接良好后,方准开始作业。

(7)整修电缆时,应先确认电缆外皮(全塑电缆除外)与电缆屏蔽地线连接牢固,接触良好,同沟内数条电缆外皮焊接良好,方准开始作业。

(8)雨天处理室外设备故障时,抢修人员不得在接触网下打伞,所带雨伞只允许遮盖设备。

(9)在电气化区段立、撤杆,应与供电部门办理停电,在供电部门确认停电的情况下,方可开始作业。

四、配合工务作业

电务的大部分工作量多是配合工务,工务作业遗留问题影响电务设备正常运用的问题也经常发生,作为设备主管部门,电务要树立大局意识,积极主动配合工务作业，规范电务配合工务作业，抓住配合工务作业的重点和关键，确保电务设备运用稳定。

1. 配合工务作业基本要求

配合工务作业必须单独设置驻站防护员和室外防护员，除积极配合日常有计划的作业外，还要做到发现工务在道岔转辙部作业必须立即去配合，作业结束必须做到与工务人员同时撤离配合作业地点。

2. 配合改道拨移道岔作业

配合工务道岔改道拨移作业必须工长以上人员组织，必须在天窗时间内进行。开始道岔改道拨移前，必须解锁道岔，防止挤坏自动开闭器；道岔改轨距时必须松开角钢座铁螺丝，以防挤坏安装装置绝缘。工务道岔改道拨移作业结束后，必须重点检查道岔各部顶铁状态，测试安装装置绝缘，确保作用良好；必须用手摇把转换道岔，检查道岔解锁、转换、锁闭和密贴情况。配合工务道岔改道拨移作业结束后，必须在次日进行检查。

3. 配合更换钢轨绝缘作业

配合工务更换钢轨绝缘作业电务负责要点，工务负责拆装绝缘接头。安装新的钢轨绝缘前，必须清扫钢轨、打磨肥边和进行涂漆处理。更换完胶接

绝缘后必须浇水测试钢轨绝缘。

4. 配合工务清筛捣固作业

清筛捣固作业前必须完成挖验和电缆下卧，并在钢轨上做出电缆过道标记，必须做好电缆接续材料、工具仪表的应急准备；清筛捣固作业中必须每个捣固车安排一个人监控；清筛捣固作业后必须测试轨道电压、电缆绝缘。

五、车工电联合检查

结合部管理是电务设备管理的薄弱环节，特别是道岔、钢轨绝缘，不但结合部管理上涉及车、工、电三方，受列车运行影响大，动态变化大，而且在整治时影响行车组织，需要车务配合，为减少对运输的影响，要加强车工电联合检查和整治的组织工作。

1. 车工电联合检查组织

车工电联合检查由车站组织，并负责安排整治天窗，工务、电务参加。一、二等站每季度检查一次；三等及其以下车站每月检查一次。车工电联合发现问题的整治工作应纳入天窗修（危及行车安全需立即整治的除外），对纳入天窗的道岔（特别是涉及到影响上下行渡线的道岔）整治工作，各部门应密切配合，不得随意取消、挤占或临时更改天窗修时间，以保证整治质量。

2. 车工电联合检查内容

(1)车务部门：道岔清扫、滑床板涂油。

(2)工务部门：道岔尖轨解锁无反弹，尖轨刨切部分应全长与基本轨宏观密贴；滑床板与轨底密靠，道岔每侧尖轨(或心轨)与滑床板缝隙超过 2 mm 的不应超过两块，滑床板无严重磨耗、变形，尖轨与基本轨作用边无肥边，尖轨上部与基本轨吻合，尖轨无弓腰，尖轨与基本轨能顺利密贴无卡阻现象；道岔爬行或尖轨窜动不超标(尖轨爬行量小于 20 mm，心轨爬行量小于 10 mm)。道床捣固良好，有车通过时，起伏不大于 10 mm；丁字铁螺丝无松动，第一连接杆与丁字铁连接紧固(要求用高强螺栓取代铁销并紧固)；道岔锁闭时基本轨无目视横移，道岔开程超标(外锁闭道岔开程由电务调整)；道岔安装装置及杆件与轨枕间留有一定间隙，避免磨卡。

(3)电务部门：道岔转换设备安装标准，各部螺栓紧固，开口销齐全，防松装置作用良好；密贴调整杆动作时，其空动距离应在 5 mm 以上。道岔转换时，尖轨尖端第二、三连接杆不得先于第一连接杆与

基本轨密贴；道岔各部绝缘装设完整，性能良好；道岔调整良好，做到 2 mm 锁闭，4 mm 不锁闭；对工作电流、锁闭电流超标的道岔及时处理，消除设备隐患。

六、配合网管、技术支持中心、电子车间作业

为顺利完成专业化维护任务，现场车间工区必须全力配合好电子车间、技术支持中心的专业化维护作业。

1. 通信配合集中修工区作业

(1)工区为集中修开、关机房门及撤、布防。

(2)工区配合集中修进行计表工作，同时监控集中修作业，以免误动影响业务。纳入天窗的计表作业，必须在天窗内进行，否则严禁作业。

(3)集中修计表工作结束后，工区进行业务确认，全部良好方可离开。纳入天窗的作业，在结束后确认业务良好，要通知驻站联络员进行销记，工长将作业情况反馈车间。

2. 通信配合网管作业

(1)故障处理：工区接到车间配合网管进行故障处理的通知后，工长或指派专人必须立即携带工具

和仪表达到现场配合处理；在故障处理过程中，必须按照网管指挥配合作业；故障处理完成后，联系用户确认业务恢复后方可离开现场，同时要将作业情况反馈段调度、车间。

(2)新增通信业务：工区接到车间新增通信业务通知后，应提前做好准备工作；工长或指派专人携带工具、仪表、线缆（按需）和新增设备（按需）达到现场，提前将线缆和设备布设安装到位；联系网管并按照网管指挥，配合完成新业务开通，同时对通道进行测试，工长将作业情况反馈车间。

3. 通信配合技术支持中心

工长或指派专人配合技术支持中心进行计表工作。

(1)工区为技术支持中心开、关机房门及撤、布防。需要纳入天窗的作业还要设置驻站联络员并进行登记。

(2)工区配合技术支持中心进行计表工作，同时监控作业，以免误动影响业务。纳入天窗的计表作业，必须在天窗内进行，否则严禁作业。

(3)技术支持中心计表工作结束后，工区进行业务确认，全部良好方可离开。纳入天窗的作业，在结

束后业务确认良好后，要通知驻站联络员进行销记，工长将作业情况反馈车间。

4. 信号配合电子车间作业

(1)电子车间必须按照规定制定管内各站电子设备及电源屏停电检修计划表，并下发至信号车间。

(2)现场车间按照计划提报电子设备停电检修天窗。

(3)电子车间到现场作业必须由现场信号车间配合，并保存相关测试记录。

(4)电子车间现场作业必须由现场人员担当防护员。

(5)电子车间检修作业发现问题，必须汇报技术科，总结共性问题，提出整改措施。

七、车载配合车辆、机务、工务、供电部门作业

为顺利完成车载设备检修任务，车载车间工区必须全力配合好车辆、机务部门检修作业。

(1)车载车间工区必须配合好车辆、机务部门落轮以及轮对探伤工作，及时拆装车载设备相关部件。

(2)车载车间工区必须配合好车辆、机务部门电气线路相关检修、测试工作，及时配合完成其电气绝

缘测试相关工作。

(3)车载车间工区及时配合好车辆、机务部门检修验收工作，及时按照标准进行外观检查和功能测试并发放合格证。

(4)涉及轨道车电务设备拆装时，车载车间工区必须及时配合好工务、供电部门检修作业。

(5)涉及站场车载数据换装、故障处理、动车组除冰时，现场车间必须安排室外防护员和室内监台人员，并及时配合好车载人员完成相关作业。

第七章　结合部管理

结合部管理是电务安全管理的薄弱环节，结合部设备也是电务故障多发部位。工区作为设备维护的基本组织，必须清楚设备结合部管理要求和分工分界，日常加强对结合部设备维护，避免发生失管失修问题。

一、信号与通信结合部

1. 半自动闭塞设备

(1)闭塞线由通信机械室引入到信号机械室的，以进入信号机械室的第一个端子为界，端子(不含)及通信侧连线归通信部门维护，端子(含)及信号侧缆线归信号部门维护。

(2)闭塞线由通信机械室引入到运转室的，以进入运转室的第一个端子为界，端子(不含)及通信侧连线归通信部门维护，端子(含)及信号侧缆线归信号部门维护。

2. TDCS/CTC 设备

（1）以协议转换器引出线与路由器接头为分界点，路由器侧（含接头）归信号部门维护，协议转换器侧（不含路由器接头，包括 V35 线、网线）归通信部门维护。

（2）无线车次号、无线调度命令分界，以防雷模块引出端子为界，防雷模块（含）及解码器侧归通信部门维护，防雷模块引出线及至 TDCS/CTC 设备侧设备归信号部门维护。

（3）外围终端使用通信通道时，使用路由器的按第（1）条执行；使用以太网接口的，以以太网线与交换机连接端子为分界，协议转换器（调制解调器）及网线由通信部门进行维护，交换机及连接端子由信号部门负责维护。

3. 列控系统设备

（1）列控系统安全数据网以 ODF（DDF）架与交换机连接的尾纤端口外为分界点，光缆、ODF（DDF）架及尾纤归通信部门维护；尾纤与交换机连接端口及交换机归信号部门维护。

（2）临时限速服务器与铁路局 CTC 系统相连的通道，以通信通道与临时限速服务器路由器 BNC 连接头为分界，BNC 连接头归信号部门维护；连接头至

通信设备侧归通信部门维护。

4. 微机监测设备

以微机监测协议转换器引出线与路由器接头为分界点，路由器侧（含接头）归信号部门维护；协议转换器侧（不含路由器接头，包括V35线、网线）归通信部门维护。

5. 通信使用信号电源设备

信号机械室内的通信设备使用信号电源的，以通信设备电源线与信号电源连接的端子为界，电源侧及端子归信号部门维护；去通信设备的电源线和电源适配器归通信部门维护。

6. 高速铁路自然灾害及异物侵限监测设备

防灾系统与列控系统接口以通信基站、电力所亭院墙外或车站通信机械室墙外100 mm处为界；监控单元设置在中继站的，以监控单元端子排外侧100 mm处为界。分界点至信号侧电缆由信号专业管理维护。

二、信号与工务部门结合部

1. 道岔转辙装置

(1)工务部门负责：尖轨连接杆、轨距杆、基本轨通长垫板的维修；道岔的方钢、顶铁、耳铁、耳铁螺栓

和连接销(螺栓)的养护维修;分动外锁闭提速道岔各牵引点岔枕挡砟板、心轨连接铁、钢岔枕、钢岔枕与钢轨间的连接螺栓及大胶垫的养护维修。

(2)电务部门负责:密贴调整杆、尖端杆、连接杆及电动(空)转辙机的安装装置的维修;分动外锁闭提速道岔钩式外锁闭设备及转辙机安装托板、与轨枕连接的托板螺栓的养护维修;密贴检查器及连杆、安装装置,与钢轨、轨枕连接的螺栓的养护维修。

2. 轨道电路设备

(1)工务部门负责:尖轨连接杆、轨距杆、通长垫板、绝缘接头的鱼尾板及其螺栓、铁垫圈的检查,维修和更换;胶接式绝缘接头由工务部门负责。

(2)电务部门负责:轨道绝缘的定期检查和更换,其中胶接式绝缘接头每半年一次检测其绝缘性能,不良的通知工务部门更换。

3. 车辆减速器

(1)工务部门负责:基本轨、护轮轨、枕木,固定基本轨和护轮轨的配件及其螺栓、轨距杆的维修及更换;保持减速器区段内轨距、水平不超标准规定。

(2)电务部门负责:减速器制动夹板、制动梁、复轨器及制动部分动力设备的维修。

4. 车挡表示器

车挡由工务段负责维修，车挡表示器（包括柱、开关）由电务段负责维修，电源由工电部门提供。

三、通信与供电部门结合部

1. 供电远动系统设备

供电远动系统设备主要是调度端和被控端，含所、箱变、开关控制站等。

（1）当采用光接口连接时，以调度端和被控端的光纤配线盒分界，光纤配线盒至通信设备的光缆或尾纤以及光纤配线盒归通信部门负责；光纤配线盒至供电调度系统设备的跳纤、尾纤归供电部门负责。

（2）当采用 FE 连接时，调度端（被控端）分界界面位于通信机房 RJ45 配线架，配线架及其至通信设备的配线由通信部门负责；配线架至调度端（被控端）的配线由供电部门负责。

（3）当采用音频线连接时，以调度端（被控端）通信配线盒分界，配线盒及其至通信设备的缆线归通信部门负责；配线盒至被控端的缆线归供电部门负责。

2. 通信信号变电厅或箱式变电站设备

以电力电缆直接引入通信机械室第一个配电箱电源接线端子(无接线端子排为电源开关端子)电源侧 100 mm 为分界点,电源侧设备由供电部门维护;负荷侧设备由通信部门负责维护。

四、通信与车辆部门结合部

1. 5T 设备

(1)5T 探测站、列检复示站、铁路局监测站模拟通道以室内通信电缆端子盒为界,数字通道以网络设备为界。端子盒、网络设备及以外由通信部门负责,以内由车辆部门负责。

(2)客列检、客车整备所和车辆段 TCDS 服务器通信接口以网络设备为界,网络设备及以外由通信部门负责,以内由车辆部门负责。

2. 列车广播设备

(1)以列车广播室电源配电箱输出端子为界,广播设备侧由通信部门负责维护,电源配电箱侧设备由车辆部门负责维护。

(2)车厢扬声器、变压器、音量调节器由通信部

门负责维护，车厢内部配线由车辆部门负责维护。

五、通信与工务部门结合部

高铁工务防灾设备分界点：现场风、雨、雪、异物监测设备数据传输单元（轨旁控制箱）外侧电缆100 mm处为界（至监控单元方向），现场采集设备侧由工务段管理维护，监控单元侧电缆、监控单元等设备由所属电务（通信）段管理维护。现场地震采集设备以地震坑为界，坑内设备及地震坑由工务段管理维护，地震坑外至监控单元侧设备由所属电务（通信）段管理维护。工务段监测终端以工务段监测终端处所防灾专用通信设备侧 FE 端口为界，端口（不含端口插头）以内（含 FE 端口至通信设备间配线）传输通道由所属电务（通信）段维护，端口以外（含端口插头）至监测终端侧由工务段维护。

六、通信与信息部门结合部

客票系统

（1）光接口以通信 ODF 架端子为界，端子（含）至传输设备侧由通信部门负责维护，端子（不含）至网络设备侧由信息部门负责维护。

(2)G.703 接口以通信同轴数字电缆 BNC 插头为界，插头(含)至传输设备侧由通信部门负责维护，插头(不含)至网络设备侧由信息部门负责维护。

(3)RJ45 接口以传输设备或协议转换器(调制解调器)FE 端口为界，端口(含)至传输设备侧由通信部门负责维护，端口(不含)至网络设备侧由信息部门负责维护。

(4)企业综合网转换器(调制解调器)FE 端口为界，端口(含)至传输设备侧由通信部门负责维护，端口(不含)至网络设备侧由信息部门负责维护。

七、通信与其他部门结合部

1. 高速铁路旅客服务系统

(1)旅服集成平台(含广播、票务、时钟等系统)以通信机房配线架为分界，配线架至通信设备侧由通信部门负责维护；配线架(不含)至摄像头侧由车站(或车站委托专业化公司)负责维护。

(2)旅服视频分界以通信机房配线架为分界(含编解码器)，配线架至通信设备侧由通信部门负责维护；配线架(不含)至摄像头侧由车站(或车站委托专

业化公司)负责维护。

2. 高速铁路办公管理信息系统

以通信机房配线架为分界,配线架至通信设备侧由通信部门负责维护;配线架至信息设备侧由相关使用单位负责维护。

八、通信与铁通结合部

1. 传输系统波分与 SDH 设备

以波分设备侧光配线架(ODF)上的连接器为分界,连接器(含)至波分设备由波分设备维护方负责维护;连接器(不含)至 SDH 设备由 SDH 设备维护方负责维护。

2. 通信电源

电源室与各楼层机房的馈电线和地线,以进入机房的第一个端子为界,端子(不含)至电源设备由电源室管理方负责维护;端子(含)至楼层电源设备由楼层机房管理方负责维护。

3. 铁路接入网 OLT 与交换机

以传输机房的数字配线架(DDF)上交换侧的同轴插座为界,数字配线架上的同轴插座(不含)至交换机由铁路总公司负责维护。

九、机车车载 LKJ 设备结合部

1. 电务部门管理设备

(1)LKJ 车载设备:监控装置主机、显示器、专用速度传感器、专用压力传感器、平调信号(调车灯显)接口盒、GPS 信息接收装置(含 GPS 天线)、LKJ 总线扩展盒、LKJ 本/补切换装置、事故状态记录器、LKJ 功能扩展盒(含鸣笛转换器)、常用制动接线盒、与 LKJ 配套使用的警惕功能按钮、监控装置主机故障开关(电务加装)。

(2)TAX 设备:TAX 信息平台(含机箱、电源单元和通信记录单元)、机车信号通信单元、机车语音录音单元、DMIS 单元、备用单元、TAL93 接线盒。

(3)机车车次号自动识别系统设备:车载编程器(即 TMIS 单元,装在 TAX 设备中)、电子标签。

(4)LAIS 车载设备:主机、天线、通话器。

(5)机车信号设备:机车信号主机、机车信号机、接收线圈及接线盒。

2. 机务部门管理设备

(1)与 LKJ 相关的车载设备:司机室语音箱、通

用屏幕显示器接线盒(含转换开关)、数模转换盒、非LKJ 专用速度传感器、监控装置主机故障开关及切出开关(主机厂装)、双针速度表、常用制动装置、紧急制动装置;防撞车挡(土挡)装置(包括接线盒和地面磁钢)。

(2)LKJ 信息获取设备:机车工况辅助接点(向前、向后、牵引、制动、零位/非零位)、柴油机转速信息接点(含 ND5 机车挡位转换装置、V/F 转换器)、电力机车原边电流信息接点(A/F 变换器归电务)、防撞车挡(土挡)信息接收装置(含转换盒)。

(3)机车信号感应器用的横梁和吊架归机务(车辆)部门负责,横梁和吊架的日常检查和紧固由机务(车辆)部门负责。电务部门负责水平、垂直位置的日常检查和调整,中修和厂修时需要拆装,电务部门只许拆装接收线圈。

(4)TAX 设备中的机车轴温检测(走行部检测)单元、电力机车弓网监测单元、内燃机车当量公里记录单元、电力机车智能电表记录单元、轮滑润滑控制信息单元以及信息输入输出设备。

(5)LAIS 地面设备:地面基站、地面服务器。

(6)机车运用安全计算机管理信息系统:监控网

络服务器、网络。

3. 工务部门管理设备

安装在TAX设备中的轨道检测单元。

4. 系统设备电路分界

(1)LKJ车载设备、与LKJ相关的车载设备、TAX车载设备、机车车次号识别设备、LAIS车载设备、机车信号设备之间通过电缆(电线)连接的,以接插件(插头与插座)、接线排(接线座与线鼻)划分管理界限。

(2)电务部门管理设备之间的连接电缆由电务部门负责,机务、车辆部门管理设备之间的连接电缆由机务、车辆部门负责。在进行连接电缆检修时,有关部门须给予配合。

(3)电务部门管理设备与机务、车辆部门管理设备之间的连接电缆,按对信息或电源"谁取用/(需要)、谁负责"的原则,由取用信号或取用电源的设备管理部门一并负责,以电务部门管理设备侧电缆第一个端子为界。

(4)涉及机务、车辆、电务部门共用的端子,端子螺栓的紧固由双方共同负责,以取用方为主;机务、车辆、电务部门单方使用的端子,由使用方负责;无

论在何时，机务、车辆、电务部门双方均应保持对方设备及配线的完好，任何一方不得随意变动，如需变动，需双方共同确认。

5. 系统设备安装结构分界

(1)设备安装结构以将 LKJ 系统设备固定在车本体、机架或安装台架上的螺孔、螺丝(栓)分界，车体、机架和安装台架由机务、车辆部门负责。

(2)机车或动车组上需要加装改造 LKJ 等车载设备时，本着“谁管理、谁负责”的原则完成加装改造相关工作。其中：电务部门管理的设备加装改造方案由电务与机务、车辆等部门进行协商确定，安装工作涉及机车、动车本体各部件的钻孔(影响机车、动车结构)、焊接时，由机务、车辆部门负责；电务部门负责设备安装及固定螺栓。

(3)车载设备监控装置主机、显示屏、平面调车接口盒、LKJ 功能扩展盒(含鸣笛转换器)、监控装置主机故障开关、常用制动接线盒、与 LKJ 配套使用的警惕按钮、TAX 通信平台、LAIS 车载设备、机车信号的电源线(包括电源开关)，以接入机车(动车组)端子排为界，由机务部门负责提供到固定的接线端子上，电源接线端子及其引入线由机务部门负责检修和日常的维护；电源接线端子引出线由电务部门负责检修和日常维护。机务（车辆）部门应保证电源的正确性，同时不得随意变更。

（4）机车信号的方向信号由机务（车辆）部门负责提供到固定的接线端子上，方向信号接线端子及其引入线由机务（车辆）部门负责检修和日常的维护；方向信号接线端子引出线由电务部门负责检修和日常维护。

（5）LKJ 监控装置的手柄信号（向前、向后、牵引、制动、零位/非零位）由机务（车辆）部门负责提供到固定的接线端子上，手柄信号接线端子及其引入线由机务（车辆）部门负责检修和日常的维护；手柄信号接线端子引出线由电务部门负责检修和日常维护。

（6）LKJ 设备输出的卸载、常用制动、紧急制动等控制信号，以输出机车（动车组）端子排为界由电务部门负责提供到固定的接线端子上，并由电务部门负责对其引入线的检修和日常的维护；卸载、常用制动、紧急制动等控制信号的接线端子及其引出线、连接电缆、过渡线由机务（车辆）部门负责检修和日常维护。

(7)LKJ 专用轴端式速度传感器：以安装速度传感器的机车或动车组轴箱端盖分界，速度传感器及其固定螺栓由电务部门负责，机务、车辆部门负责提供符合速度传感器安装机械结构要求的轴箱盖及轴端连接装置。

(8)LKJ 专用压力传感器（鸣笛转换器）：以压力传感器（鸣笛转换器）与制动管系或装置连接的接头分界，压力传感器（鸣笛转换器）及密封垫圈由电务部门管理；机务（动车组由车辆）部门负责提供符合压力传感器（鸣笛转换器）安装机械结构要求的管路连接座及固定装置。

(9)LKJ 输出的双针速度表信号以监控装置引入双针速度表线接入端子排为界，并由电务部门负责对其引入线的检修和日常维护；端子排及至引入双针速度表连接电缆和过渡线由机务部门负责检修和日常维护。

(10)LKJ 设备与平面调车设备以调车接口盒分界，调车接口盒及其插座由电务部门负责检修和日常维护；插头及灯显电缆配线由车务部门负责检修和日常维护。

(11)LKJ 设备与磁钢设备以磁钢信号接线盒分

界，磁钢信号接线盒及其插座由机务部门负责检修和日常维护；插头及监控装置的电缆配线由电务部门负责检修和日常的维护。当安装有感应器的钢轨及周围有施工涉及感应器移动时，由工务部门提前向机务部门通告，机务部门要根据实际情况及时对感应器进行调整。

（12）安装在机务段或动车基地（所）、动车段内，与 LKJ 系统相关的机车车次号识别系统 AEI 设备、LAIS 地面基站，由机务、车辆部门负责管理和日常维护。

（13）与机务段或动车基地（所）、动车段内网络相连接的，用于电务部门 LKJ 运行记录文件转储、质量分析工作站设备及局域网设施由电务部门负责管理和日常维护。其他设施由机务、车辆部门负责管理和日常维护。

（14）柴油机转速信号由机务部门负责提供到固定的接线端子上，柴油机转速信号接线端子排及其引入线由机务部门负责检修和日常维护；柴油机转速信号接线端子引出线由电务部门负责检修和日常维护。

（15）电力机车信息接点（手动过分相分/合、自

动过分相分/合)等信号由机务部门负责提供到固定的接线端子上,信息接点等信号的接线端子及其引入线由机务部门负责检修和日常的维护;信息接点等信号的接线端子引出线由电务部门负责检修和日常维护。电力机车监控装置原边电流信息接点以接入A/F变换器端子排为界,端子排及电力机车原边电流信息节点引入A/F变换器端子排的条件线由机务部门负责检修和日常的维护,引出线由电务部门负责检修和日常维护。

(16)TAX设备与轴温记录单元以TAX设备母板及其输出插座分界,TAX设备母板及其输出插座由电务部门负责检修和日常维护;插头及其电缆配线、轴温记录单元由机务部门负责检修和日常维护。

(17)TAX设备与轨道检测单元以TAX设备母板及其输出插座(X3)分界,TAX设备母板及其输出插座由电务部门负责检修和日常维护;插头及其电缆配线和轨道检测单元由工务部门负责检修和日常维护。

(18)TAX设备与DMIS单元以TAX设备母板及其输出插座(X6)分界,TAX设备母板及其输出插

座由电务部门负责检修和日常维护;插头及其电缆配线和 DMIS 单元由工务部门负责检修和日常维护。

(19)语音箱(机务专用)与机车语音记录装置以机车语音记录装置输出插座分界,机车语音记录装置及其输出插座由电务部门负责检修和日常维护;插头及其到语音箱电缆配线由机务部门负责检修和日常维护。

(20)语音箱与显示器(X6)输出插座分界,Ⅰ、Ⅱ端显示器及其输出插座由电务部门负责检修和日常维护;插头及其到语音箱电缆配线由机务部门负责检修和日常维护。

(21)机车鸣笛记录接口装置(功能扩展盒)以EX4 中鸣笛转换器、自动和手动过分相、ND5 机车手柄级位引出线以端子排为界。端子排、自动和手动过分相、ND5 机车手柄级位引入端子排的连接电缆、过渡线由机务部门负责。

(22)监控装置主机故障开关以 JKTS 引入双针速度表电缆中的 5#、6#、7#、8#、9#、10#线端子排为界。端子排及双针速度表引入端子排的连接电缆、过渡线由机务部门负责。

(23)屏幕显示器接线盒及开关以屏幕显示器接线盒以接入插座为界，连接电缆插头紧固由机务负责，ZX102、XZ、XL插头至机车诊断屏、语音箱、微机柜连接电缆由机务部门负责。

(24)防撞车挡(土挡)信息接收装置以监控装置引入电缆端子排为界。端子排及防撞土挡转接器引入端子排的连接电缆由机务部门负责。

(25)非LKJ专用速度传感器以监控装置引入电缆端子排为界，非LKJ专用速度传感器、端子排及非LKJ专用速度传感器引入端子排的连接电缆由机务部门负责。

(26)TAX箱X2、X4、X10插头至语音箱、弓网检测传感器、走行部监测装置、当量公里记录仪的连接电缆及插头紧固由机务部门负责。

(27)TAX箱轨道检测单元、X3插头连接电缆及插头紧固由工务部门负责。

十、机车车载无线设备结合部

车载无线设备电源开关(双刀开关或空气开关)和电源开关至直流供电装置的连接电缆及管路的维护，天线、设备主机箱(底座)、控制盒、显示屏、打印机座的固定(焊接)由机务部门负责。

十一、动车组车载设备结合部

1. 动车组 LKJ 车载设备

LKJ 行车安全装备与车辆部门设备的分界，24XLKJ 插头(含 24XLKJ 插头)引入 LKJ 监控装置主机 X30T 插头的电缆由电务部门负责，以外(含插座)由车辆部门负责；24XMMI 插头(含 24XMMI 插头)引入 LKJ 显示屏 X7T 插头的电缆由电务部门负责，以外(含插座)由车辆部门负责；24XTSC1 插头(含 24XTSC1 插头)引入 TSC1 主机电源插头电缆由电务部门负责，以外(含插座)由车辆部门负责；24XTAX2 插头(含 24XTAX2 插头)引入 TAX2 箱的电源电缆由电务部门负责，以外(含插座)由车辆部门负责；24XMLKJ 端子排(不含 24XMLKJ 端子排)引入 LKJ 监控装置主机 X34T 插头的速度信号电缆和电源电缆由电务部门负责，24XMLKJ 端子排(含 24XMLKJ 端子排)以外电缆及设备由车辆部门负责。

2. CTCS2-200C 型车载设备

ATP 机柜、显示装置(DMI)、FSK 传感器及接

线盒、TVM 传感器、传感器接线盒、传感器箱、车载设备用速度传感器及接线盒、BTM 主机及天线、车次号主机及天线由电务部门负责维护。ATP 电源以电源端子排 90X 的万可端子分界，万可端子对 ATP 机柜引出线 100 mm 以外由电务部门负责维护。

3. CTCS3-300T 型车载设备

300T 型 ATP 列控车载设备机柜及机柜内的所有设备、隔离开关、冗余开关、应答器信息接收装置(BTM)、人机界面(DMI)、速度传感器、多普勒雷达、无线通信单元(GSM-R)天线、紧凑型天线(CAU)、轨道电路信息读取器(TCR)天线由电务部门负责管理和维护。ATP 电源以电源端子排 90X 的万可端子分界，万可端子对 ATP 机柜引出线 100 mm 以外由电务部门负责维护。

4. 无线车载设备

车载无线设备电源开关(双刀开关或空气开关)和电源开关至直流供电装置的连接电缆及管路的维护，天线、设备主机箱(底座)、控制盒、显示屏、打印机座的固定(焊接)由车辆部门负责。

十二、轨道车设备结合部

1. 设备分工

（1）电务部门负责：GYK 主机、人机界面单元（DMI）、机车信号接收线圈、机车信号机、专用速度传感器和外部接口（主机与压力传感器、电磁阀、熄火装置、轴温检测、无线列调的接口）、警惕按钮、扬声器。

（2）运用单位负责：故障隔离装置（西铁的 GYK 电源制动接线盒、创联的配线盒）、制动装置（电磁阀）、压力传感器、熄火装置、轴温检测装置等。

2. 设备分界

（1）GYK 专用速度传感器：轨道车所属部门负责提供符合速度传感器安装机械结构要求的轴箱盖及轴端连接装置（含方孔套），速度传感器、固定螺栓及与主机间的连接电缆由电务部门负责。

（2）GYK 主机箱的插头及连线（轴温检测装置除外）由电务部门负责。各配线中电源线、工况信号线（空挡、向前、向后）、GYK 控制指令输出线（熄火、保压、常用制动、紧急制动）、压力传感器信号检测线以线鼻为界，以上接线排及接线柱（接线座）归轨道车所属部门管理，接线及线鼻由电务部门管理。

(3)GYK(含专用安装支架)安装结构以设备固定在轨道车本体、机架或安装台上的螺孔、螺丝(栓)分界,车体、机架或安装台归轨道车所属部门负责管理,设备固定连接由电务部门负责。

第八章　设备限界管理

设备限界对行车安全威胁较大，限界数据已经纳入联锁管理。现场工区要树立限界管理的意识，特别是工长必须重视限界测量及日常管理，不但要对主要设备的限界做到心中有数，对加装防护罩、防护板、标志标牌等附属设备也必须认真测量限界，对钢轨绝缘位置和变化也必须重视，以确保行车安全。

1. 信号设备限界

(1)信号设备限界管理

①信号限界是联锁管理主要内容，各段技术科、车间、工区指派专人负责。

②测量信号设备限界前必须对测量人员进行培训，学习信号限界测量的规定，确保测量数据准确。

③限界测量人、复核人对原始数据的准确性负责，汇总人员对汇总上报的数据准确性负责。

④建立限界变化记录簿，记录限界变化情况；限界数据发生变化后，及时上报到车间、段技术科。

⑤配合工务起拨道作业后，及时复测有关信号设备建筑限界；因施工临时拆除的轨道箱盒、信号机等，设备复旧后限界应与原限界一致，不允许随意变更；设备限界发生变化时，要及时修订限界资料，以电报的形式公布，并及时修改数据档案。

⑥日常工作中发现信号设备侵限，必须立即组织整治，一时无法整治的限界问题，在解决前应采取防范措施。

⑦在向外单位提供限界资料时，必须履行签收手续。

(2)超限货物运输安全管理

①对于每次超限货物运输，各电务段要组织有关车间、工区对列车进路上的信号设备限界进行一次记名式复核，并做好记录备查，发现侵限要立即上报。

②超限货物运输电报给出的下部尺寸超宽时，应撤除列车运行径路上的转辙机防护罩。

③超限货物运输前，组织进行一次设备质量检查，防止信号故障影响行车。

④严格遵守现场作业纪律。在超限货物列车进路上作业时，必须在列车到来前停止作业，并注意检

查打开的各类箱盒是否盖好，不得在箱、盒、机盖上坐卧休息，不得将工具、仪表放在箱、盒、机盖上。

⑤超限货物列车开行时，无人值守站要派人上岗。

(3)信号设备限界测量范围

所有高于钢轨面的信号设备，包括信号机、转辙机(带防护罩)和各种箱盒均须测量，低于轨面或距线路中心距离超过 3 000 mm 的箱盒不测量。

(4)信号设备限界测量

信号设备高度为钢轨面至测量点间垂直距离，信号机应事先在基础或机柱上标注轨面水平点，测量高度时应使用皮尺悬挂重物。距线路中心线距离为设备凸出边缘距线路中心线间水平距离，距本(邻)线中心线距为信号设备凸出边缘与所属线路中心线间距离。

①测量标准。每个信号设备需对应 5 个不同的距轨面高度测量限界，分别是：$H \leqslant 25$ mm；25 mm$<H \leqslant 200$ mm；200 mm$<H \leqslant 350$ mm；350 mm$<H \leqslant$ 1 100 mm；1 100 mm$<H \leqslant$5 500 mm。在每个高度区段都需要测量最凸出边缘距线路中心距离，且分别符合限界要求，具体限界标准见表 1。

表 1　限界标准

序号	距轨面高度 H (mm)	设备凸出边缘距邻近线路中心距离(km)			
		$v<200$ km		200 km $\leqslant v \leqslant$ 350 km	
		邻近正线	邻近侧线	邻近正线	邻近侧线
1	$H\leqslant 25$	≥1 400	≥1 400	≥1 700	≥1 700
2	$25<H\leqslant 200$	≥1 500	≥1 500	≥1 750	≥1 750
3	$200<H\leqslant 350$	≥1 725	≥1 725	≥1 750	≥1 750
4	$350<H\leqslant 1\ 100$	≥1 875	≥1 875	≥1 875	≥1 875
5	$1\ 100<H\leqslant 5\ 500$	≥2 440	≥2 150	≥2 440	≥2 150

②曲线地段测量。曲线地段的信号设备限界测量数据应在实际测量数据基础上，减去曲线折算长度，外轨超高和曲线半径数据由工务段根据设备公里标查阅线路曲线资料确定。

曲线内侧折减计算公式：

$$X=B-40\ 500/R-H\times h/1\ 500$$

曲线外侧折减计算公式：

$$X=B-44\ 000/R$$

式中：

X——折减后的限界(mm)；

B——实测建筑限界(mm)；

R——曲线半径(m)；

H——计算点自轨面算起的高度(mm)；

h——外轨超高(mm)。

③线间距测量。设备所在处两条线路的中心线间距离，两线线间距大于 6 000 mm 时，只记录“大于 6 m”。

④电气化区段信号设备限界测量。电气化区段所有信号设备距离电力接触网不得小于 2 m；距离回流线不得小于 1 m。

⑤测量及填表注意事项。

a. 公里标严禁按照图纸盲目推测，要与 LKJ 设备数据相符。

b. 线间距严禁按设计图纸盲目填写。

c. 距线路中心距离可以从设备凸出边缘至线路钢轨内沿距离＋717 mm 推算，不允许由钢轨外沿距离推算。

d. 测量中严禁卷尺同时接触两根钢轨，防止轨道电路混电。

e. 测量作业过程中必须按要求设置防护员。

2. 钢轨绝缘限界测量

(1)钢轨绝缘设置

站场改造由线路专业根据道岔型号确定警冲标位置(线间距离为 4 m 的中间)，钢轨绝缘设置在警

冲标内方不少于 3.5 m 的适当处所(不足 3.5 m 时为侵限绝缘),并满足信号机建筑限界要求。

(2)信号机与绝缘节位置关系

进站信号机设在距进站最外方道岔尖轨尖端(顺向为警冲标)不小于 50 m 的地点,因调车作业或制动距离需要延长时,一般不超过 400 m。进路、出站信号机应设在每一发车线的警冲标内方(对向道岔为尖轨尖端外方)适当地点。

设于信号机处的钢轨绝缘应与其并列安装;确不能并列安装时,进路、调车信号机和自动闭塞区间并置的通过信号机,钢轨绝缘可设在信号机前方 1 m 或后方 1 m 的范围内(如图 2 所示)。出站或发车进路信号机、自动闭塞区间的单置通过信号机,钢轨绝缘可设在信号机前方 1 m 或后方 6.5 m 的范围内。

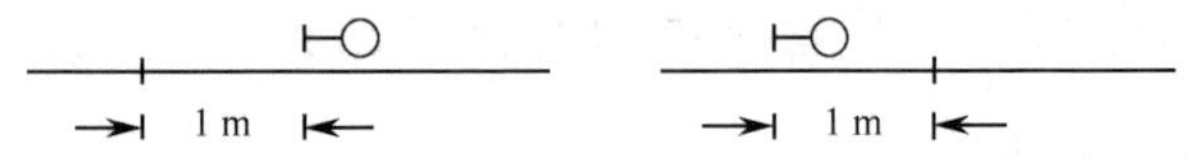

图 2 钢轨绝缘安装位置

(3)电气化区段第三组绝缘

电力牵引区段,为避免牵引电流的迂回通道对轨道电路的影响,在交叉渡线中部(如图 3 中 1/3、5/7 道岔)增设了钢轨绝缘 A、B,将两个轨道电路完全分割

开。需注意的是,第三组绝缘不能安装错误,正确安装为第三组绝缘与菱形心的4组绝缘均偏于同一侧线路;若安装相反,虽然也能达到分割目的,但是轨道电路分路死区段则超过标准。

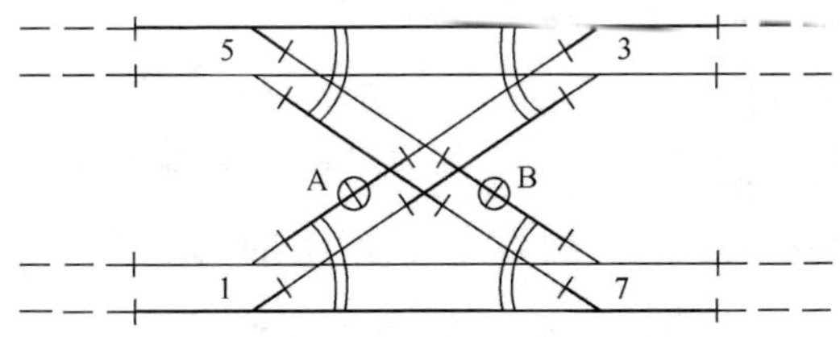

图3 电气化区段第三组绝缘设置

(4)钢轨绝缘位置变化要求

更换钢轨、道岔大修时,原则上不准变更钢轨绝缘位置坐标,必须变更时,需经段信号技术科审核,充分考虑LKJ数据变化和绝缘限界变化带来的问题后,确定变更方案。

3. 通信设备限界

(1)车载无线通信设备天线限界

车载无线通信设备天线安装在机车上部,包括CIR天线、800 MHz列尾天线、450 MHz机车电台天线、LBJ天线、GPS天线。天线限界高度须符合《铁路技术管理规程》中规定的机车车辆限界要求,天线

安装在机车顶部时距轨面高度不得大于 4.8 m。

(2)隧道内通信设备限界

隧道内通信设备包括无线列调、GSM-R 系统安装在隧道内的直放站、异频中继器、漏泄电缆、天线、设备供电电源线及悬挂在隧道内的通信光缆、电缆线路，隧道内通信设备限界须符合《铁路技术管理规程》中规定的建筑限界，不得侵入铁路的建筑限界。设备安装高度距轨面在 3 m 以下时，限界为 2.44 m；3～4.5 m 时，限界为 2.44～2 m；4.5～5.5 m 及以上时，限界为 2.44～1.4 m。

(3)通信光缆、电缆线路与其他设施的限界要求

通信光缆、电缆线路与其他设施的限界按照《铁路有线通信维护暂行规则》(铁运〔2010〕193 号)第 3.1.4.1.2 条规定执行。

第九章　安全文化建设

安全文化是工区管理的灵魂，对增强工区的凝聚力、职工的团队精神都有着十分重要的作用。工作职场要营造安全生产氛围，上墙揭挂要体现班组精神、生产计划、作业纪律和安全风险控制；工区的管理制度要实用能落实，符合工区的实际；工区民主管理和思想政治工作要坚持经常，充分调动职工积极性、主动性和创造性，增强职工的主人翁责任感；职工日常行为要从严管理，保持职工工作、生活职场的整洁干净，体现出工区日常管理状态和职工精神状态。

一、工区上墙揭挂

(1)工区安全生产管理主要职责(或工区一日工作制度)；

(2)电务基本安全制度及作业纪律(通信为《维护工作纪律》)；

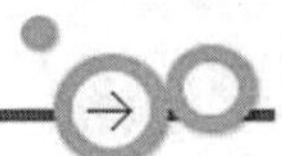

(3)电务系统劳动安全十项强制规范应根据不同种类工区(现场、检修、驼峰、车载、通信)选择相应内容,电化区段要增加《电化区段劳动安全控制措施》;

(4)站场平面图(有条件的工区管内全部上墙);

(5)工区安全风险及控制措施;

(6)工区故障防范控制表;

(7)工区测试及检查计划表;

(8)班组精神;

(9)高速铁路安全控制措施(主要包括高速铁路信号安全控制措施、高速铁路车载设备安全控制措施、高速铁路通信安全控制措施、铁路局 TDCS/CTC 中心安全控制措施、高速铁路核心网安全控制措施、高速铁路 RBC 中心安全控制措施)。

二、工区十项制度

(1)交接班制度;

(2)工区日工作制度;

(3)工区生产会议制度;

(4)工区劳动安全管理制度;

(5)工区设备质量管理制度;

(6)工区学习制度；

(7)工区职场环境管理制度；

(8)工区材料管理制度；

(9)民主管理制度；

(10)工区考核制度。

三、工区民主管理

为加强工区民主管理，充分调动职工参与工区管理的积极性，增强职工的主人翁责任感，形成人人主动工作，共建和谐工区的良好氛围，群策群力做好工区的建设工作，工区要建立民主管理制度。

(1)工区成立民主管理小组，工长任组长，组员：工会小组长、安全员、学习员、材料员。

(2)组员要各负其责，协助工长做好工区的民主管理工作，为工区建设献计献策，同时带动其他职工参与工区的民主管理工作。

(3)开展“314”民主活动。三评价：评价工区当月工作、评价自我当月工作、评价工区长当月工作。一建议：提一条改进工区工作的建议。四公开：工区生产任务和完成情况公开，个人出勤和功过公开，工区经济核算公开，奖金来源、数额和分配公开。

(4)民主管理小组每月末召开一次碰头会,向工长汇报本月的安全生产、材料收入与支出、职工政治技术学习等情况,并对下月工作提出合理化建议,工长认真听取“三员一长”的汇报和建议,做到对职工思想状况、工区各项工作心中有数。

(5)工会小组长每月末组织召开一次工区民主生活会,大家畅所欲言,对工区工作提出意见和建议,了解职工的生活情况和思想动态,关心职工疾苦,对有困难的职工进行帮助或向车间支会反映,使之解除后顾之忧。

(6)工会小组长每月对工区职场环境卫生进行一次检查,组织大家对工区、值班室、材料库、小浴池、小食堂和卫生间进行彻底清扫,并对工区卫生定人、定位管理。

四、班组思想政治工作

班组思想政治工作是班组建设的重要内容,是调动职工积极性,发挥主动性、创造性的主要手段。

(1)开展形势任务教育。讲铁路当前发展形势,讲路局当前主要工作,让职工的思想认识跟上当前要求,达到引导职工树立大局观念,树立集体荣誉感

的目的。

(2)宣讲文件政策要求。对于工资、养老保险、医疗保险、考核、人员选拔任用等涉及职工切身利益的事项,或涉及职工切身利益的较大改革,必须及时做好政策的解释,得到职工的认可和支持,确保各项工作顺利开展。

(3)大力选树先进典型。用职工身边的先进典型、职工身边的好人好事,鼓舞职工立足岗位争先创优,教育职工爱岗敬业努力工作。

(4)树立团结互助氛围。一个工区就好比是一个"家庭",职工就是家庭的成员,职工之间就像家庭成员那样要和睦相处、相互理解、相互交流。工长要协调好职工之间的关系,让职工间在生活上相互关心、相互帮助,在工作上相互支持、相互配合,促进工区产生强大的向心力和凝聚力。

(5)帮助职工解决困难。工长必须及时掌握职工思想动态,关心职工工作、生活困难,积极向上级反映情况,力所能及的为职工排忧解难。

五、职工行为规范

职工的一言一行,一举一动,都是工区管理状态

的体现，规范职工行为是班组管理的重要工作。

(1)遵守职业操守。热爱本职工作，对工作兢兢业业；具有责任心、事业感和大局意识。

(2)讲究文明礼貌。注重自身仪表仪容，做到尊重他人、礼貌待人，使用文明用语。

(3)具有团队精神。积极维护工区整体形象，同事之间、上下级之间相互尊重，密切配合，团结协作。接待外来客人或领导时，要热情而又有度，主动介绍情况，协调问题解决。

(4)落实规章制度。自觉执行劳动纪律、工作标准、作业规程。

(5)遵守劳动纪律。不迟到、不早退，不擅自离岗、串岗，不做与工作无关的事情；不酒后上岗，令行禁止，自觉维护作业和工作秩序。

(6)保持工作状态。在工区穿工作服，工作服穿戴合体、整洁干净，并按照要求佩戴好标牌或胸牌；

(7)注重个人形象。工作场所不赤膊，不赤脚，不穿拖鞋；头发梳理整齐，不戴夸张的饰物；男职工头发长不覆额、侧不掩耳、后不触领，胡子不能太长；女职工淡妆上岗，修饰文雅，且与年龄、身份相符，不宜用香味浓烈的香水。

六、职场环境卫生

(1)工区房舍四周做到“四无”。工区周围土地平整,无杂草、无白色垃圾、无生活垃圾、无废旧材料。

(2)工区使用房舍做到“两清”。信号楼、驼峰楼,以及与车站、房产等单位(包括本段各部门)共同使用的其他生产房舍,要做到卫生分担区责任清,每日清扫要求清。

(3)材料物品定置定位摆放。转辙机、箱盒、基础、大箱子等大件材料要定置存放;工区办公室、宿舍等房间的物品要定位摆放整齐,保持美观整。

(4)工区环境保持干净整洁。门窗及玻璃、空调及各种桌柜达到窗明几净、物见本色;工区地面保持干净无异物,灯具及开关作用良好;床下、柜上、桌下、暖气片、沙发后无杂物;更衣箱内整洁干净,不得存放与工作无关用品和过季用品。

(5)工区办公用品使用良好。办公桌椅完好无破损,办公桌玻璃板下只准摆放日历表、列车时刻表、电话号码表和基本电路图等,不准压放与工作无关的物品,抽屉内物品摆放整齐无杂物。

(6)工区值班室干净整洁。床单及被褥整洁干净、叠放标准;独立值班室内白天不许进入。

(7)工区材料库管理规范。各种备品、备件、工具要分类定位摆放整齐。对不能使用的、无利用价值的废旧器材要立即进行清除。

(8)工区伙食点干净整洁。灶具、用品整洁干净,台面、地面、墙面无油迹,电源插座不烧损;工区卫生间的水池、便池的地面无污迹、无异味。

(9)工区室内灯具、图板、镜框等悬挂整齐、干净、无破损;不准在墙上、门上粘贴或悬挂杂物;自行车、摩托车不准在室内或走廊存放。

(10)室内外卫生责任区要落实责任到人。